BİR ANNEYE MEKTUPLAR

Hayat Yayınları: 68
Eğitim Dizisi: 13

Dizi Editörü
Rahime Demir

Türkçesi
Refik Durlu

Yazarı
Wilhelm Stekel

Müge İzmirli

ISBN: 975-8243-68-3

Baskı Tarihi : İstanbul, Ekim 2000
Yayına Hazırlayan : Hayat Yayıncılık, İletişim Hizmetleri
İç Düzen : Şencan Fen
Düzeltme : Dursun Gürlek-Hacer Bayrak
Kapak Tasarımı : Paralel Tanıtım
Kapak Baskı : Emirler Ofset
İç Baskı : Çalış Ofset
Cilt : Güven Mücellit

HAYAT YAYINCILIK, İLETİŞİM, EĞİTİM HİZMETLERİ ve TİCARET LTD. ŞTİ.
Çatalçeşme Sk. Bateş Han. No: 48 Cağaloğlu/İstanbul
Tel: (0 212) 511 84 50 - 51 - 52 Fax: (0 212) 526 71 14
http://www.hayatyayinlari.com.tr
e-mail: hayatyayin@turk.net

BİR ANNEYE MEKTUPLAR

Wilhelm Stekel

Türkçesi
Refik Durlu

Hayat yayınları
İstanbul / 2000

Eğitim Dizisinin Diğer Kitapları

* Çocuk Psikolojisi / *İbrahim Alâettin Gövsa*
* Çocukta Zihinsel Gelişim / *İbrahim Alâettin Gövsa*
* Çocukta Duygusal Gelişim /*İbrahim Alâettin Gövsa*
* Çocukta Davranış Gelişimi / *İbrahim Alâettin Gövsa*
* Çocuğa Hayır Demek Çözüm Değil / *Mark L. Brenner*
* Çocuğunuzu Keşfedin/ *Lawrence Williams*
* Çocuğun Başarısı Nasıl Sağlanır / *Tuncel Altınköprü*
* Çocuğum Okula Başlıyor / *Bernard Ryan Jr.*
* İyi Anne-Babaların En Çok Yaptığı 10 Hata ve Bunlardan Sakınma Yolları / *Kevin Steede*
* Çocuk Kalbi / *Edmondo De Amicis*
* Genç Kız Psikolojisi ve Cinselliği / *Tuncel Altınköprü*
* Çocuğunuzu Yanlış Eğitiyorsunuz / *C. G. Salzmann*
* Hamileliğe Hazırlık Doğum ve Sonrası / *Bir Grup Amerikalı Kadın Doğum Uzmanı*

İçindekiler

Editör'den

Hayat Yayınları, eğitim dizisiyle bir yandan bu alandaki en yeni yerli ve yabancı eserleri yayınlarken bir yandan da kendi dönemi ve sonrası için bir eğitim klasiği haline gelmiş eserleri en güzel şekilde hazırlayarak siz okurlara tekrar kazandırmayı amaçlıyor.

Elinizdeki *Bir Anneye Mektuplar* adlı bu eser de, 20. yüzyılın ilk çeyreğinde psikolog olarak çalışan bir eğitimcinin kaleminden yazılmış ve günümüzde eğitim klasikleri arasında yerini almış bir eserdir. Meslek hayatında edindiği tecrübeleri bir kitapta toplamak amacıyla yola çıkan yazar, çocuk eğitimiyle ilgili doğum anıyla başlayan farklı konuları birer mektup şeklinde ele almıştır.

Hızlı bir şekilde gelişme kaydeden psikoloji ve pedagoji ilminde, ortaya ilk çıktığı anda kendi dönemi için çok yeni olan kimi gelişmeler, yapılan yeni araştırmalarla ve buluşlarla zamanla geçerliliğini kaybedebilmektedir. Eğitim, her geçen gün gelişen ve kendini yenileyen bir alandır. Örneğin, daha on yıl öncesine kadar ülkemizde ilköğretim okullarında okumaya, harflerden başlanıyordu. Şimdi ise bu yöntem terkedilip kelime hatta cümlelerden başlama gibi bir yönteme geçilmiştir. Bu kadar köklü ve hızlı gelişmelerin yaşandığı bir alanda yarım asır önce yayınlanmış bir eserde, elbette günümüze hitap edemeyen konular bulunacaktır.

Yayınevi olarak bir yandan bu eseri yayın dünyamıza kazandırmaya çalışırken bir yandan da geçerliliğini yitiren bazı konuları eserde aynen koruyup korumamakta tereddüde düştük. Fakat bu eseri yayınlamanın temel amaçlarından biri, anne babaların bu eserden maksimum düzeyde faydalanması olduğundan, günümüzde yerine yenilerini bırakan bazı hususları bu yeni baskıya koymanın anlamsız olacağını düşündük. Bu sebeple orijinalinde olan bazı kısımlara elinizdeki eserde yer verilmedi.

Siz okurlarımızda bu konuda oluşabilecek bazı düşünceleri dikkate alarak bu konuda bir açıklama yapmayı gerekli gördük. Çalışmamızın değerlendirilmesinde bu hususun göz önünde bulundurulmasını temenni ederiz.

Saygılarımızla,

Rahime DEMİR

Önsöz

Uzun yıllardır, psikolog ve doktor olarak görev yapmaktayım. Bu çalışma ortamı içinde kazandığım tecrübeleri, herkesin anlayıp hayatına uygulamasını sağlamak için bilgilerimi bir kitapta toplamayı düşündüm.

Bu mektupları, Wendepunkt'un "Dönüm Noktası" isimli serisinin arasına soktuğum yolunda çeşitli sorularla karşılaşmaktaydım. Ben şuna inanıyorum: Ruh sağlığı ile beden sağlığı mutlaka birlikte yürümek zorundadır. Sağlıklı insanların hem ruhça, hem de bedence sıhhatli olmaları gerekiyor. Bu, herkes tarafından bilinen ancak bir türlü uygulanmayan bir gerçektir. Sağlıklı bir bedene sahip olmanın ve sağlıklı bir nesil yetiştirmenin ilk şartı, daha çocukluk yıllarından itibaren atılacak sağlık temelleriyle ilgilidir.

Bu kitapta annelere nasıl hareket etmeleri gerektiğini öğretmek istiyorum. Bu, sanıldığı kadar kolay bir iş değildir. Fakat başarıldıktan sonra ödülü bol bir davranış biçimidir. Bu işe başladığım için çok mutlu olduğumu ifade etmek istiyorum. Eğer başarabilirsem, bu seriye, "Bir Babaya Mektuplar" ve "Çocuklara Mektuplar" isimli kitaplarla devam edeceğim.

Bu mektupların asıl amacına ulaşması benim en büyük dileğim. Umarım, ısrarla yolunu şaşırmakta devam eden insanlık için önemli ipuçları taşır ve gelecek nesiller, benim de katkıda bulunduğum sağlık temelleri üzerine oturur. Bu eser, bu anlamda bir yapı taşı olabilirse ne mutlu!...

Viyana, Salmansdorf
Şubat 1927
Dr. Wilhelm Stekell

Birinci Mektup

Sevgili kardeşim,

Gelecek için birçok endişe taşıdığınızı biliyorum. Kendinizi daha şimdiden bir anne olarak görüyor ve gelecekte yaşayacağınız sıkıntıları şimdiden düşünüyorsunuz. Çocuk eğitimi ve bu eğitimle birlikte meydana gelen hatalarla ilgili birçok şey okudunuz. İyi biliyorsunuz ki, birçok ruhsal problem, çocuk yaşta edinilen davranış ve kabullenmelerin sonucudur. Bana, anneler için bugüne kadar yazılmış en geniş kapsamlı kitabın ne olduğunu soruyor, eğer varsa, bu kitapla anneliğe hazırlanmak istediğinizi söylüyorsunuz. Ben bu zamana kadar böyle bir kitaba rastlamadım. Bu konuda hazırlanmış kitapların çoğu yetersizdir; bir kısmı tek taraflı bir terbiye anlayışından bahsederken, bazı kitaplar da fazla detaya girmiş ve asıl konudan çok uzaklaşmıştır. İşte ben, mevcut kitapların sizin problemlerinize bir çözüm olamayacağını düşündüğüm için bu kitabı kaleme almaya karar verdim. Hatta bu kitabı size ithaf ediyorum. Kitapta yer alan mektupları bir yerde saklayınız ki bir süre sonra, çocuk yetiştirme ve eğitim hakkındaki birçok şeyi bu mektuplardan benim kadar siz de öğrenesiniz. Çünkü psikoloji alanındaki birçok konu, henüz araştırılmadığı ve ortaya çıkmadığı için hâlâ gizli ve belirsiz bir halde varlığını sürdürmektedir. Bazı gerçeklerin perdesi aralanmış olsa da bunlar, güvenle uygulanabilecek doğrular değildir.

İşte benim amacım, bu bilinen "az bilgi"nin temellerine inerek, sorgulayıcı bir tavırla konuyu yeniden ele almak ve aydınlatabilmek... Bana, size verebileceklerimden fazlasını istemeyeceğinize dair söz verir misiniz?

Bir çocuğun terbiyesi daha cenin halinde iken başlar. Araştırıp ortaya koyduğum bir gerçeğe göre, sinirli ve huzursuz çocuklar mutsuz evliliklerin ürünüdür. Sizin, eşinizle sevişerek evlendiğinizi biliyorum. Kocanızı severken ve onunla hayatınızı birleştirmeye karar verirken kendinizi madde dünyasının süslü isteklerine kaptırmadınız. Siz, evde kalmış ve artık koca bulamama sınırına gelmiş, önüne çıkan ilk erkekle evlenme kaygısı taşıyan biri gibi davranmadınız. Kendinizi, sevginin o yüce, erişilmez ve tarif edilemez rehberliğine teslim ettiniz. Siz de, kocanız da birbirinize her bakımdan uygunsunuz. Ne ruhsal, ne de cinsel problemleriniz var. Cinsel duyguların acı veren herhangi bir hastalığını da taşımıyorsunuz. Çünkü bu tür rahatsızlıklar, ailedeki mutluluğu sekteye uğratabilecek kadar kuvvetli bir zehirdir. Siz, bedence ve ruhça sağlıklı olduğunuz için mutlu bir insansınız. "Soğuk kadın" değilsiniz.

Allahım, bu günlerde mutlu insan sayısı o kadar azaldı ki... Kimi halinden şikayet eder, kimi para ve başarı peşinde koşar, kimi komşusunun veya arkadaşının mal varlığını ve itibarını kıskanmaktan bir iş yapamaz, kimi de başarılması mümkün olmayan hayaller peşinde ömrünü tüketir. Siz ve kocanız böyle hırsların ve isteklerin çok uzağındasınız. Sıkıntıların gelip geçici olduğunu, başarının çalışmakla elde edilebileceğini çok iyi biliyorsunuz. Sanata ve doğaya düşkünsünüz. Hayatınızın önemli bir bölümünü, kendilerine bir eğlence ve sığınak arayan insanlar gibi barlarda, kahvehanelerde ve dumanaltı olmuş ortamlarda geçirmiyorsunuz. Siz, günün en mutlu anlarını Mozart veya Beethoven'un piyano tuşlarına serpiştirilmiş mutluluk ezgileriyle yaşıyorsunuz. Hayatı, hayatın hatırı için yaşamak istiyor, onu zengin ve yaşamaya değer görüyorsunuz. Bütün bunlardan dolayı, çocuğunuzu da, hayatı seven, doğduğuna pişman olmayan ve "Niçin yaşanırmış sanki?" sorusunu aklına bile getirmeyen mutlu bir insan olarak yetiştirmek istiyorsunuz.

Bu düşünceniz, daha dünyaya gelmemiş çocuğunuz için ne kadar büyük bir mutluluktur. Bu, çocuk için öyle bir kazanç ki, siz ona hayatınızın bir boşluğunu doldurmak için ihtiyaç duymuyor, onun kendi halinde bir insan olarak kendini ve geleceğini iyi bir temel üzerine oturtması gerektiği düşüncesini taşıyorsunuz. Onu, hayatınızın doluluğuna ve mutluluğuna ortak etmek istiyorsunuz.

Mutsuz ve sürekli hayattan şikayet eden insanların çocuk yapmaya hakları yoktur! Fakat şu anda, çevremizdeki insanlar için bu formülün doğru olduğunu iddia edebilir miyiz? Mutsuz kadınlar, hayatlarına bir anlam verebilmek, bir amaç uğruna yaşamak için çocuk doğururlar. Böylece hayatlarında ortaya çıkan boşluğu doldurma düşüncesi taşırlar. Bazı kadınlar ise, rutinleşmeye başlayan hayatlarına bir eğlence ve hareket gelsin diye çocuk sahibi olmak isterler. Bu tür insanlar için çocuk gereksizdir ve hatta bunlar, doğacak çocuk için belâdan başka bir şey değildir!

Çocuk, hayatlarının belli bir bölümünde ne yapacaklarına karar veremeyen işsiz ve mutsuz insanlar için bir dolgu maddesi olmamalıdır.

Hayatlarını başarısızlığın ve mutsuzluğun gölgelediği insanlar, kaybolan ümitlerini çocuklarında görmek isterler ve "Ben yandım, o yanmasın!" düşüncesiyle hareket ederler. Böyle insanlar, kendilerinin elde edemediği şeyleri çocuğa yükleyerek, belki de ömrünün ilkbaharında onu akıl almaz bir eğitim sistemiyle yetiştirmeye kalkışırlar. Hatta, çocuğun başarılı olması için öyle programlar hazırlarlar ki, çocuk eğitimi için gerekli olan en önemli şeyi unuturlar. O da, çocuğun ilk çocukluk dönemlerinin ve buluğ çağının tehlikelerinden uzak tutmak ve onu "özgür" yani hayat mücadelesinde yetenekli biri yapmaktır.

Bütün bunları anlatırken, çocuğa karşı takınılacak tavırda aşırı sevgi ve düşkünlüğün de aynı sonuca götüreceğinin altını çizmek isterim. Şımartılmış çocukları hepimiz tanırız. Bu tip çocuklar büyüdüklerinde de aynı muameleyi görmek isterler ve her seferinde isteklerinin yerine gelmesi için etrafa emir yağdırırlar. Geçmişleri onları öylesine kolları arasına alır ki, her örnekte o günlerden bahseder ve gelecekte hiçbir işe yaramaz hale gelirler.

Aşk ve evlilik hayatlarında hayal kırıklığına uğrayan kadın ve erkekler, mutsuz geçen evliliklerinin karşılığını çocuklarından almak isterler. Kendilerini bulamayan ve ellerinde tutamadıkları güçten çocuklarına vermeye çalışan bu tipler, onlara kötülükten başka ne verebilirler ki?..

Bana göre en önemli hata şudur: Biz, çocuklardan bizleri son derece mutlu etmelerini bekliyoruz. Fakat çocukları mutlu insanlar olarak yetiştirmek bizim en öncelikli görevlerimizdendir. Mutluluğumuzu, bu görevimizi başardığımızda zaten elde etmiş oluruz.

Bu da demek oluyor ki, çocuklardan fazla şey beklememeliyiz. Ümitlerimizi sadece çocuklara bağlamamalıyız. Onların olağanüstü bir deha, bulunmaz bir evlat olacakları düşüncesinden kurtulmalıyız. Çocuklar da, her insan gibi zaafları ve özel kudretleri olan kişiler olacaklardır. Büyüdüklerinde, hangi yönlerinin daha ağır basacağı, bizim onlara karşı takınacağımız tavra bağlıdır.

Çocuğun iyi izlenimler almasına şimdiden yardımcı olabilirsiniz. Biz, onların hafızalarının derinliğini ve kuvvetini henüz keşfedemedik. Manevî dünyamızın çocuklara ne şekilde geçtiği de açıklanamamış bir konudur. Ama gerçek olan bir şey var; sağlıklı ve neşeli bir vücuttan yaşama sevinciyle dolu bir canlı meydana gelir. Hamile kadınlar, daha doğum yapmadan kendilerini korkular mahzeninde bulurlar. Şüpheler ve korkular arasında gidip gelirler. Doğum sırasında kendilerini ölmüş görürler ve titreyen yüreklerini korkulu şüpheler doldurur. Aslında bütün bunlar, bize annelerimizin çocukken, yeni bir rakibin gelmekte olduğunu bildirdikleri zaman duyduğumuz kötü arzuların sonuçlarıdır. Kıskançlığın sınırı yoktur. Bütün çocuklar kıskançtır. Herkes ailenin biricik çocuğu olmak ister ve bütün ilgilerin kendi kişiliğinde birleşmesini arzu eder. Dikkat edilirse, kardeşler önce rakip sayılmışlar, bir türlü dost karşılanmamışlardır. Yaşadığımız sürece hep çocukça yanlarımız olacaktır. Aynısıyla karşılık verileceği düşüncesi bizi, başkaları için istediklerimizden korkmaya sevkeder. Neden bize hep, işlediğimiz günahlardan dolayı Allah'ın vereceği cezalardan bahsederler de, O'nun her şeyi affedeceğinden pek bahsetmezler. Allah'ın her zaman iyilerle birlikte olduğunu, kötülere de cezasını vereceğini unutmayınız.

Hayatınızı eskisi gibi yaşamaya devam edin. Şimdiye kadar nasıl çalışıyorsanız, öyle çalışın. Orta yolu tutun, aşırı yemekten olduğu gibi hiç yememekten sakının ve en önemlisi hayatınızdan memnun olmanın yollarını bulun!

Hemen dudaklarınızdan dökülen şu soruyu duyuyor gibiyim: "Fizikî mutluluk ne olacak? Ben hamile iken kocamı kucaklayabilir miyim?"

Bu konuyla ilgili birçok batıl inanç olduğunu biliyorum. Bizim toplumumuzda, bazı tutucu aileler şöyle der: Yalnızca çocuk dünyaya getirmek istediğinde kocanla kucaklaşabilirsin.

Başka durumlarda bu çok günahtır. Orta yolu tutan din adamları, bu güzel dünyayı bir işkence yeri yapmak isteyen, bu tür dindar geçinen cahillere gülerler. Doktorlar ise, hamile iken cinsel temasın çocuğa zararı olabileceğini söylerler. Fakat ben, bu zamana kadar böyle bir zararla bana başvuran kimseyi görmedim. Öyle evli çiftler tanıyorum ki, fiziksel sevgiye sonuna kadar devam ettikleri halde çocukları -belki de bunun için- oldukça iyi gelişmiştir. Sevgi, hayatın gerekleri arasındadır; çünkü o, gençliği ve mutluluğu destekler.

Çevremizdeki bazı erkekler de hamile kadınlardan nefret ederler. Anne adayı zavallı kadınların bundan ne kadar acı duyduklarını anlatmaya gerek yok. Bu acı, zevk ve sevgi yokluğundan çok çirkin ve iğrenç bir etki bıraktıklarını düşünmelerinden ortaya çıkan, kendilerini aşağılanmış görme hissinden ileri gelir. Bu tür ruhen hasta erkeklerin, hiç gecikmeden bir ruh doktoruna görünmelerini tavsiye ediyorum.

Sevilen kadın daha çok güzelleşir, tıpkı bütün parlaklığıyla açılan bir gül gibi. Gözlerinin etrafında nurdan bir halka oluşur, dudaklarında olağanüstü bir mutluluk tebessümü belirir; tıpkı Leonardo da Vinci'nin Mona Lisa tablosunda ölümsüzleştirdiği resim gibi.

Sevgili kardeşim,

Ne demek istediğimi iyi anladığınızı düşünüyorum. Çocuğun terbiyesi, hamileliğin ilk gününden itibaren başlar. Kanınız çocuğu besliyor ve ruhsal dinamizminiz çocuğu etkiliyor, düşünce ve duygularınız çocuğa ulaşıyor.

Hamileliğin son üç ayında bitkisel gıdalarla beslenen kadınların, bebeğin kafatası kemikleri yumuşak olacağı için, çok kolay doğurduklarını bir yerde okumuştum. Bu konuda bir deneyimim olmadı ancak, daha yeni gelişmeye başlayan bir bebeğin, annenin aldığı gıdalardan etkilendiği muhakkaktır.

Lohusalıkla ilgili bazı şeyler soracağınızı biliyorum. İlk mektubum yeteri kadar uzun oldu ikinci mektubun daha kısa olup olmayacağını bilmiyorum. Hani, meşhur bir söz vardır: "Kalbi dolu olanın, ağzı taşar." Ne kadar doğru bir söz değil mi?

Seni sevgiyle selamlıyorum.

Dr. Wilhelm Stekel

İkinci Mektup

Sevgili kardeşim,

Hayır! Bana çok soru sorar ve öğrenmek istediklerinize arkadaşlarınızın merak ettiklerini de ilave ederseniz, hiç kızmam aksine çok sevinirim. Ne kadar çok soru sorarsanız, bu iyi amaç etrafında bana o oranda fazla konu vermiş olursunuz.

Bu mektubuma, size çok yakın bir konuyla başlamak istiyorum. Yaradılış olarak çok başarılı birisiniz, parlak bir durumunuz var; fakat bazı karanlık şüpheler size de sokuluyor. Bazen öyle ciddi bir endişeye kapılıyorsunuz ki, doğumu nasıl atlatacağınızı düşünerek korkuyorsunuz. Bunun arkasında açıkça söylemek istemediğiniz kötü bir endişe saklı. Ruhunuz karanlık bir kuyuya dönüşmüş bir şekilde endişelerinize yol gösteriyor. Ben tecrübeli bir bilim adamıyım. Sizin gibi düşünen birçok insanla karşılaştığımı söylemeliyim. Bu tür kadınlar kendi kendileriyle mücadele etmişlerdir. Kendi duygu ve sezişlerine aşırı derecede inanan bu kadınlar, bana hep, "Biliyor musunuz doktor bey... Ben bu doğumu atlatamayacağım!" diyerek endişelerini dile getirmişlerdir.

Fakat şuna emin olun ki, böyle söyleyen kadınların hepsi doğumu çok başarılı bir biçimde atlattılar ve sonraları bana söylediklerini hatırlattıkça kimi utandı, kimi de gülüp geçti. Bazıları ise çok ileri görüşlü olduklarını iddia ettikleri bu söylemlerini inkar bile ettiler.

Biz psikologlar, bu tür davranış şekillerinin sebebini iyi düşünmek ve bu durumdan ders çıkarmak zorundayız. Bu sebepler bilinen gerçeklerdir. Doğum ve ölüm hayatımızın zıt fakat en önemli iki gerçeği değil midir? Yaşamak ile ölmek birbirinin antitezidir.

Andersen'in şöyle bir hikayesi vardır: Azrail her insan için bir mum hazırlar. Bu mum, o insan hayatta olduğu sürece yanar, öldüğünde de söner. Bir mum söndüğü zaman yerine yenisi dikilir. Ne kastettiğimi anladınız sanırım. Siz de yeni bir mum yakmak üzeresiniz. Fakat bu yanacak mumun yerine kimin mumunun söneceğini siz bilemezsiniz. Annenin, çocuğunun hayatını ortaya çıkarırken, kendi hayatından olacağını bir düşünün. Cenin, ana rahminde büyürken siz kanınızı onunla paylaşmıyor musunuz?

Siz başka bir döneme giriyorsunuz bu çocukla. Genç kızlığınız, yerini olgun kadınlığa bırakıyor. Anneliğin şeref tacı başınızın üstünde duracak bundan sonra. Şunu da unutmayın, her kadın bu tacı taşımayı beceremez. Hem bu çocuk, sevdiğiniz erkekle aranızdaki bağın daha da kuvvetlenmesini sağlayacak. Siz, "Bu bağın kuvvetlenmesinden başka bir şey istemiyorum!" diyorsunuz ama bunu pratikte de anlayacaksınız. Burada bilmeniz gereken bir nokta var; sizin bilmediğiniz ve bilmek istemediğiniz şey, ruhunuzdaki bütün dengelerin ve kuvvetlerin iki yönlü oluşudur. Sizi hayata bağlayan bağlar ne kadar kuvvetli olursa, hayata o ölçüde tutunursunuz. Çift kutuplu olmanın en önemli kanunu, bir şeye bağlı olma ile değişiklik ihtiyacı duyulan şeylerin mücadelesini anlamaktır.

İnsan yaratılışı gereği çok şey ister. Sürekli bir şeyin hasretini çeker ve her defasında, "Hayatın verebileceği şeyler bu kadar mı?" sorusunu sorar. Doğumla ilgili tehlike de yaşama isteğini harekete geçirir. Bu duygu insanı yaşamaya sevkeder. Bir tahrik aracı olan bu yönelme, kulağımıza yumuşak nağmeli şarkılar söylenilmesi, iç gıcıklayıcı melodiler mırıldanılması ve sıkıntılı anlarda renkli tablolarla hayal dünyamıza hoşluklar yayması şeklinde ortaya çıkabilir. Daha da ileri giderek, yaşadığımız o güzel ve anlamlı durumu elimizden almaya, bataklıkta uçuşan kontrolü zor bir ışık gibi bizi bataklığa çekmeye çalışır. Bu ikinci varoluş, uzak durmamız gereken, tanımamamız ve yenmemiz lazım gelen bir durumdur.

Bu açıklamayla, sizi sıkıntıya sevkeden sorunuza da biraz cevap vermiş oldum.

Durup dururken aşerdiğinizi söylüyorsunuz, hiç düşündünüz mü acaba bu tuhaf aşermenin mahiyeti nedir? Tamamen istem dışı olan bir davranışla ringa balığı yemek istiyorsunuz. Hatta salatalık turşusunu ve baharatlı şeyleri içiniz çekiyor. Bazen de o kadar çok sevdiğiniz yemeklerden tiksinebiliyorsunuz. Görüyorsunuz ki, bütün bunlar hamileleğin birçok sebepleri olan aşermesidir. Vücudunuz sizden, kendisine sunmadığınız şeyleri almak istiyor. Bunlar genellikle, vitamin, tuz ve karnınızdaki çocuğun kemiklerinin oluşmasına yardım eden kireçli maddelerdir. Fakat bütün bu istekler, aynı zamanda sizin egzotik yanınızın sembolik olarak ortaya çıkışıdır. İnsan ölümle karşı karşıya geldiğinde, hayat kadehini son damlasına kadar yudumlamak istemez mi?

Gözlerimizi kamaştıran psikolojik çözümlemeler bazen gerçek ilişkileri görmemize engel olurlar. Aşk da tam anlamıyla karmaşık bir meseledir. Bazı bilim adamları, her türlü sevgi belirtisini insanlardaki cinsiyet maddesi olan erkeklik maddesi *andrin* veya kadınlık maddesi *gynacin*'e yüklemek isterler. Ben böyle maddelerin varlığından haberdar değilim. Bunlar kimya literatüründe isbat edilmiş şeyler değildir. Fakat şuna inanıyorum; cinsiyet hormonları büyük bir hararetle çalışır. Bütün vücudu sarar, kadınlara güzellik verir, yüzler güzelleşir, bazı kadınlara ise tam ters etki yapar ve onları daha da çirkinleştirir. Cinsiyet maddelerinin bütün vücudu sarması, cinsel organlardaki hassasiyeti de arttırır. Cinsel istek ya daha çok artar veya durma noktasına gelir. Çünkü vücut dengesi normal değildir artık.

Bütün bu durumlar yaşanırken de aşk, en güvenilir rehberdir, o bütün güçlükleri yenmede kişiye yardım eder. "Amor omnia vincit..." (Aşk her engeli ortadan kaldırır).

Söz konusu olan diğer şikayetinizin en önemli sebebi hissetmekte olduğunuz sinirsel hassasiyettir. Size bu konuda yazacaklarıma şaşırmayın. Vücudundaki değişiklikler dolayısıyla ruhsal dengesini kaybetmeyen kadınlar, âdet zamanlarında oldukça sinirli bir hâl alırlar. Hamilelik sırasında da durum aynıdır. Şu bir gerçektir, intihar eden kadınların büyük bir bölümü ya âdet veya hamilelik zamanlarında hayatlarına kastederler.

Bedensel durumu da gözardı etmemek gerekir. Ben burada meşhur bir sözü değiştirerek söyleyeceğim: Hamilelik, zayıf iradeli insanların mihenk taşıdır. Bu dönemde kadınlar, en önemli hatalarını yapabilirler. Hatta birçok örnek, onların düşüncesiz hareket ettiğini gösterir. Sevindirici bir nokta, bu tür davranan kadınların sayısının az olmasıdır. Sizin de korkulacak bir şeyiniz yok. Fakat hoş olmayan izlenimlerden kendinizi uzak tutun. Güzel ve yüce duygularla anneliğe hazırlanın.

Hamile bir kadının, çirkin birşey gördüğünde, bunun karnındaki çocuğa etki edip etmeyeceğini de soruyorsunuz. Şahsen ben, bu konuda somut örnek görmüş değilim. Fakat bazı kimseler bu tür olayların olduğunu iddia ederler. Düşünün bir kere, sizi etki altına alan her gözlem çocuğa da geçer. Sevinciniz, üzüntünüz, acınız onun da sevinci, üzüntüsü ve acısıdır. Güzel kitaplar okumanız, hoş müzikler dinlemeniz, doğaya ve güzelliklere karşı eğiliminiz, çocuğunuzu güzel kılar. Hayatın en büyük düşmanı bayağılıktır. Kendinizi yükseltme yönünde harcayacağınız çaba, çocuğunuzun da yükselmesi anlamına gelir.

Hamile kadınların bulantıları hakkında da bilgi edinmek istiyorsunuz. Bir dostunuzun böyle bir rahatsızlığı olduğunu söylüyor, doktorların bile, buna bir çare bulamadığından bahsediyorsunuz. Sevgili kardeşim! Dostunuz ne kadar aksini iddia ederse etsin, şuna inanmak zorunda; hamileliğinden hoşnut değil. Bu kadarlık meslek hayatımda çocuk sahibi olacağı için sevinen ve kocasını deliler gibi seven hamile bir annenin istifra ettiğini hiç görmedim. Kendi kendini aldatan ve günümüzün genel geçer ahlâk kuralları öyle gerektiği için doğacak çocuğuna seviniyor gibi davranan anneler de bilirim.

Tedavi ettiğim birçok hasta arasında aşağıya alacağım örneği ömrümün sonuna kadar unutmayacağım:

Hastanede genç bir kadın hastam vardı. Belli başlı uzman doktorların teşhisi meşime zehirlenmesi sonucu istifra idi. Her türlü tedavinin sonuçsuz kalması doktorları ameliyat kararına kadar götürmüştü. Hemen ameliyata alınacak kadın için bütün hazırlıklar yapılmıştı. Ameliyata girmeden hemen önce, kadının kocası, annesini sinirsel bir mide rahatsızlığından dolayı tedavi etmiş olduğumu hatırlıyor. Beni son ümit olarak hastaneye çağırdılar. Perdeleri kapatılmış, kapkaranlık bir odaya girdim. Hasta, sapsarı kesilmiş yüzüyle köşedeki yatakta yatıyordu. Günlerce ağzına bir lokma koymamış ve sadece birkaç damla soğuk sütle açlığını gidermişti. Gıda içeren bir iğne bile yapılmıştı. Hastanın hemen önünde, Azrail habercisi gibi duran beyaz önlüklü bir hastabakıcı elinde leğenle öylece bekliyordu. Hemen leğeni kaldırttım. Hemşireyi de odadan çıkardım. Hasta şaşkınlık ve leğenini ister bir yüz ifadesiyle bana baktı. Korku içindeki hastaya, "Rahatça yatınız, kusmayacaksınız!" dedim. Gözleri hayretten kocaman olmuştu. Ellerini tuttum ve "Evladım, çocuğunuzun olmasını niçin istemiyorsunuz?" dedim. Hayreti bir kat daha artarak, çocuk istediğini iddia etti. Konuşmamız uzadıkça genç kadın istifra leğenini unutmuştu. Araştırmalarımı titizlikle devam ettiriyordum. Anlıyordum ki, genç yaşta evlenmeye zorlanan kızcağız, bugüne kadar acılarla ayakta kalmıştı. Evlenmeden önce, başka birini seviyordu. Fakat sevdiği adam kumarbaz, sarhoş ve gelecekle ilgili plânları olmayan bir adamdı. Annesi, bu adamdan vazgeçmesi için elinden geleni yapmış ve o da kısa bir süre sonra başka biriyle evlenmişti. Yeni kocasıyla sevişerek mi evlendiğini sorduğumda utandı ve soruma cevap vermedi. Kocası sevimli bir adamdı, fakat onun annesi çekilecek bir kadın değildi. Herşeye rağmen, kocasının bir gün mutlaka annesine döneceğini zannediyor ve doğacak çocukla meydana gelecek ebedi bağlanmadan korkuyordu. İlk aşkını unutamadığı için, kocasını sevmiyordu. Kadıncağızın bütün derdi bundan ibaretti. Bu genç kadına, eğer istifra etmekle çocuğunu çıkarmak istediğini bilirse bir daha istifra etmeyeceği garantisini verdim. Hemen ameliyattan vazgeçildi. Öfkelenen doktor, yapmadıkları bir operasyon için ameliyat ücretini istedi. Kadın evine gitti ve birkaç gün sonra da iyileşti. Benden, neler yiyebileceğini öğrenmek istediğinde ona, "Herşey yiyebilirsin!" dedim. Kadın, istediği en güzel yemeklerin listesini hazırlıyor, kocasının eline tutuşturuyor, kocası da, bütün şehri dolaşarak karısının istediklerini almaya çalışıyordu. Çünkü savaş zamanıydı ve herşey kolaylıkla bulunmuyordu.

Halk arasında buna benzer olaylar çok sık duyulur. Viyana'da çirkin bebekler için "Annesi bunu doğurmamış, adeta kusmuş!" derler.

Doktor Missrigler'den işitmiştim: Hamile annesini istifra ederken gören üç yaşındaki çocuk, "Haklısın anneciğim, at onu dışarı! Bizim başka bebeğe ihtiyacımız yok" demiş. Çocuklar bazen, bizim unuttuğumuz veya görmek istemediğimiz şeyleri açığa vurabilirler.

Hamilelik, evliliğin süsüdür. Çocukla mutlu aileler daha mutlu, kötüler ise daha kötü olur. Sevgi ve şefkatle korunan, özenle her isteği yerine getirilen kadın kadar mutlu kimse yoktur. Sizin de bu kadınlar arasında yer almanız beni memnun ediyor. Hakkınızda ileri geri konuşanlar ve sizinle alay edenler, şüpheden uzak bir hayat yaşadığınızı gördükçe sizi kıskanacaklar. Hiç kimse tesadüfen ölmez. Hastalıkların ruhsal sebeplerini çözmek gerekir. Bir hastalık sebebiyle ölümün kenarına gelmiş insan, ruhsal bir intiharın eşiğindedir. Son olarak ezberlemenizi istediğim şu sözü bir nazarlık gibi saklayın: *Hastalıklara karşı en iyi korunma aracı yaşama arzusu ve hayata bağlılıktır.*

Candan selâmlar.

Dr. Wilhelm Stekel

Üçüncü Mektup

Sevgili kardeşim,

Doğumun başarılı geçmiş olmasına çok sevindiğimi belirtmek isterim. Olağanüstü sancılara rağmen, kuvvetli olmanız, sürekli kocanızı düşünüyor olmanız ve kalbinizin ona karşı sevgiyle dolmuş olması gurur verici. Öğütlerimi dinlemiş olmanız ve ağrısız bir doğumdan vazgeçmeniz üzerine ben başka doktorlarla konuştum ve çeşitli bilgiler topladım. Bu doktorlardan bir kısmı, doğum sırasında bayıltılan annelerin, daha sonra çocuklarını normal anneler gibi sevemediklerini iddia ediyorlardı. Doğrusu, insan zahmetle elde edilen şeylerin kıymetini daha çok bilir. Ağrısız geçen bir doğum doğaya da aykırıdır. Doğaya aykırı olan şeylerin sakıncaları vardır. İlaçla bayıltılmış olmanın bünyeye zararları olduğu kadar ruhsal dengesizliğe de sebep olacağı bilinmelidir. Bu konuda ortaya çıkacak tehlikelerin farkında olmayan doktorlar tanıyorum. Bu bayılma olayını, özellikle bu hali şehevî bir kılığa sokmaya çabalayanlar, bir zorlama olayı şeklinde hisseder ve sonradan bu günahkâr bayılma hâdisesinin sonuçlarının derdini çekerler.

Mektubunuza aldığınız şu cümleler beni çok etkiledi:

"Sancı çektiğim her anımda kocamı düşündüm. Eğer benim çektiğim sancıların şiddetini ölçebilmiş olsaydı, ne kadar üzülecekti."

Bundan şunu anlıyorum; sizin evliliğiniz gerçek bir sevginin sağlam temeline oturuyor. Çünkü gerçek tavır ve sevgi tezahürü böyle zor zamanlarda kendini gösterir. Kocasını sevmeyen kadınların, doğum sırasında ondan nefret ettiklerini biliyorum. Bu kadınlar o kadar ileri giderler ki, doğum sırasında çekilen sancıların en büyük suçlusu olarak onları görürler. Bu tip düşünen kadınların çocuklarını sevmesi beklenemez, onlar çocuklardan da nefret ederler. Eğer ellerinden gelse, bebeği karınlarından çıkarmak bile istemezler.

Groddeck, "Doğum yapmak, bir kadın için en zevkli olaydır." diyor. Ben bu yaklaşımı biraz abartılı bulmakla birlikte, biraz da anlamlı buluyorum. Bebek anne vücudunu terkedip de, gerçek dünyayla tanıştığı anda dünyanın en mutlu insanı olur anneler. Bu sırada vücut, meydana gelen olay karşısında adeta gururlanmış, annenin gözleri dolmuş, etrafındaki doktor veya hemşireleri seyre dalmıştır. Doğumun hemen ardından doktora şükran belirtisi sözler söylenir ve belki de doktor sevinçten kucaklanır. Bu tür örnekleri kadın doktoru olan arkadaşlardan duymuştum.

Bütün mutlu kadınların doğumu gibi rahat ve huzurlu bir doğum dönemi geçirdiniz. En ağır sancıların vücudunuzu kasıp kavurduğu anlarda bile yutkunmaya ve dışarıya belli etmemeye çalıştınız, çünkü çok sevdiğiniz kocanız hemen yan odada sizin sağlığınızdan endişeleniyordu. Sizden gelebilecek en ufak bir sese kulak kabartmış bekliyordu. Doğum biter bitmez onu çağırdınız ve sevinçle, gururla ona çocuğu gösterdiniz.

Gerçek bir annenin, aynı zamanda çocuğunun süt annesi olabileceğini biliyorsunuz. Bebeğinizi, para karşılığı doyursun diye başka bir kadının ellerine teslim etmediniz. Bazı kadınlar sütsüz olduklarını, aslında bebeği emzirmek istediklerini söylerler; bazıları ise vücut dengesinin bozulabileceği korkusuyla veya sinirlerinin gevşeyeceğinden hareketle çocuğunu emzirmez. Bu tip kadınlar, kendi kendilerine öne sürdükleri yalanların arkasına gizlenerek, çocuklarına en önemli zararı verirler. Anne olmak isteyen ve olan her kadın çocuğunu da emzirir, annelik sevgisi pınar gibi süt getirir.

Çocuğunu seven her anne iyi bir süt anne de olur. Emzirme işleminin uygulanması bir gerilemedir; kadın bu konuda kendini iyice ölçmelidir. Bu durumdan şunu anlıyoruz, bazı "çağdaş anne"ler, birtakım yapay gerekçelerin arkasına gizlenirler. Zor gibi görünen emzirme işleminden "başarısız olma" bahanesiyle kaçarak çok önemli bir hata işlemektedirler. Gerçekte bu gerekçeler, yapamamak değil, istememekle açıklanabilir. Gelecek mektuplarda ele alacağımız birden fazla çocuk meselesi de böyle algılanabilecek örnekler arasındadır.

Aile doktorunuzun çocuk emzirme, çocuk bakımı gibi konularla ilgili önemli bilgiler verdiğini zannediyorum. Ben de, bütün bu öğütlerin dışında hayatınıza önemli açılımlar sağlayacak birkaç anekdot sunmak istiyorum.

Çocuğun eğitimine doğumun hemen ertesinde başlanması gerekir. Bu durumu pek az aile kendine kural edinmiştir. Yeni doğan bebek hemen şımartılmaya başlanır, her isteği yerine getirilir ve zannedilir ki, çocuğu eğitme zamanı, konuşmaya başladığı ve söylediklerimizi anlamaya başladığı zamandır. Böyle düşünen bütün anne-babalar büyük bir yanılgı içerisindedir. Çünkü o dönemde yapılan hataların düzeltilmesi sözkonusu olamaz.

En önemli konu; çocuğun anne-babanın yatak odasına alınmamasıdır. Çok kötü sosyal durumlar, bu önemli eğitim kuralına engel olabilir ancak mümkün mertebe buna uyulmaya çalışılmalıdır. Çocuk aklının izlenimleri kaydetme derecesini ve yoğunluğunu henüz çözebilmiş değiliz. Fakat şunu tahmin ediyoruz; çocuk aklı, yapılan ve söylenilen her şeyi bir plak gibi hemen hafızaya kaydetmekte ve zamanı geldiğinde işletmeye başlamaktadır. Bu durumda, çocuk kendine ait bir odada yatmalı ve yemeklerini düzenli olarak ait olduğu ortamda yemelidir. Çocuk ağladığında onu kucağa almak, kucakta veya ayakta sallamak, kucaktan kucağa gezdirmek, oda içinde onunla oynamaya "çalışmak" gibi davranışlardan kesinlikle uzak durmalısınız. Çocuğu ne kadar huysuz alıştırırsanız, sizi o ölçüde rahatsız eder ve bundan sizin şikayetçi olmamanız gerekir. Yakın akraba çevrenizin, çocuğun yüzünün şekline göre size öngöreceği tavsiyelerden kesinlikle kaçınmalısınız. Onlara göre ya çocuğun altı ıslanmıştır, ya karnı acıkmıştır veya gazı vardır. Eğer altı kuru ve karnı toksa, bırakın istediği kadar ağlasın. Umarım, siz de diğer anneler gibi çocuğu kundaklamak, paket gibi sarmalayıp bir kenara atmak hatasını işlemezsiniz. Çocuk sıcacık bir yatakta, olabildiğince rahat bir vaziyette yatmalı. Sağa-sola dönerek uyumaya çalışmalı ve oynamalıdır. Bağırmak veya ağlamak yeni doğan bir bebeğin en önemli iletişim vasıtasıdır. Üzerinde birleşilen bir konu da, çocuğun bağırmasının onun ciğerleri ve kan dolaşımı üzerinde faydalı etkiler yaptığıdır.

Romain Rolland'ın, Jean Christoph'unda büyükbabanın gelinine söylediği şu sözler dikkat çekicidir; "Çocuklar ağladığı zaman onlara teslim olmayın, bırakın ağlasınlar!"

Fakat öyle anneler vardır ki, ağlayan çocukları üzerine atılırlar, emzirmek için hemen göğüslerini çıkarırlar veya kuru bir memeyle susturmaya çalışırlar. Bu doğru bir davranış şekli değildir ve kesinlikle çocuğun ihtiyacının dışında bir çözümdür. İleride sakıncaları olabilecek bir durum da meydana getirebilir. Bazıları çocuğun gazı olduğunu iddia ederek, onu gidermek için papatya veya anason çayı içirirler, karnını çeşitli kremlerle oğuştururlar. Bunlar çok gereksiz şeylerdir.

Çocuğunuzun meme emerken tembellik yaptığını söylüyorsunuz. Emmeye başlıyor, sonra bırakıyor, meme uçlarıyla oynuyor ve bir saat boyunca böyle oyalandığını belirtiyorsunuz. Bu çok sakıncalı bir durumdur. Çocuk sizi daha bu yaşlarda etkisi altına almaya çalışıyor olabilir. Onun için meme emmek çok zevkli bir iş olduğundan uzatmaya çalışıyor. Kesinlikle, emme işlemi için en fazla 10 veya 12 dakika ayırmalısınız. Daha sonraki emme zamanı gelinceye kadar ona meme vermeyin ve acıktığında belirttiğim süreler içinde emzirin. Göreceksiniz, karnı acıktığında keyfi bir kenara bırakıp, sadece karnı acıktığı için meme emecektir.

Çocukla anne arasında doğumdan itibaren sessiz bir mücadele başlar. Eğer daha o sıralarda çocuğun her istediğini yapmaya kalkışırsanız, sadece siz değil, yakın çevrenizdeki insanlar da bundan etkilenir. Bu durum, ileriki yaşlarda, çocukta herkesi kendi yörüngesine çekme çabasına dönüşebilir. Çünkü çocuk, her isteğini yerine getiren annesini bir süre sonra yanında bulamayacaktır. Çocuğa karşı abartılı bir şefkat veya şiddetten kesinlikle uzak durunuz. Nasıl ki bir çiçek güneşe muhtaç ise çocuk da annesine aynı ölçüde ihtiyaç duymaktadır.

Bütün sağlık tedbirlerinin ele alındığı ve uygulandığı çocuk yuvalarında bile miniklerin öldüğünü biliyoruz. Bunun sebebi, kendini çocuğuna vakfetmiş bir anneden yoksun oluştur. Çocuğa karşı normal bir sevgi onun gelişmesini çabuklaştırır, abartılısı, buna engel olur.

Kocanız, sizi zahmetten kurtarmak için bir bakıcı kadın tutmak istemiş, bunu bana yazdığınız mektuptan anlıyorum. Siz de buna karşı çıkmışsınız ve bir annenin en önemli görevinin çocuğunu büyütmek olduğunu söylemişsiniz.

Çok haklısınız! Çocuğun kime emanet edileceği önceden bilinemez. Eminim ki, çok mükemmel bakıcılar vardır ve belki de çocuklara annelerinden daha iyi bakabilirler. Fakat bunlar arasında ruhî bunalımda olanların çokluğunu unutmamak gerekir. Çocuk bakımı hakkında eğitim almayan, görevlerinin annenin yükünü azaltmak olduğuna inanan ve onun eğlencelerini kolaylaştıran bir görüntü çizen bakıcılara çocuk teslim etmenin mantıksız olacağını biliyorum. Bu tür bakıcıların, çocuklara ne kadar kaba ve kötü davrandıklarına bizzat ben şahit oldum. Deneyimlerime dayanarak şunu da söylemeliyim; birçok dadı, çocuk eğitimi konusunda yetersizdir. Bazıları ise, rahat bir gece geçirebilmek için çocuğa bazı ilaçlar verip onu uyuturlar.

Böyle davranılan bir çocuk hastam vardı. Bu çocuk önceleri çok yaramazmış ve özellikle geceleri uyumak istemezmiş. Bu aileye bir bakıcı tavsiye edilmiş. Çocuk, dadı geldikten sonra gerçekten uyumaya başlamış. Fakat gelişmesi de aynı oranda gerilemeye başlamış. Çocuğun gözbebeklerinin küçüklüğü ve garip hissizliği dikkatimi çekti. Hemen, çocuğa uyuşturucu ilaçlar verildiğini anlayıp müdahele ettim.

Sevgili kardeşim,

Eğer çocuğunuzu kendiniz büyütmek ve yetiştirmek isterseniz, bahsettiğim bütün kötü alışkanlıklardan onu korumuş olursunuz. Çocuğunuzu korurken, kendinizi de iyi korumalısınız. Abartılı bir sevgiyle mücadele etmek zordur, biliyorum. Bütün bunlarla birlikte, siz, kocanızı seviyorsunuz. Bir çocuk için bundan daha iyi bir tablo olabilir mi? Evlilikte hayal kırıklığına uğramış olan bir kadın bu duygularını çocuklarıyla paylaşmak ister ve sevgilerini evlatlarına yöneltir. Bu tür ailelerin çocuklarına acıyorum ben.

İnsanın hayatı ilk yaşlardan itibaren şekillenmeye başlar. Çocuğun ileriki yaşlarda öğrendikleri, ilk deneyimlerinin üzerine kurulur. Mutlu bir evlilik, mutlu çocuklar meydana getirir, huzur ve ruhsal zenginlik de onun süsü olarak çocuklara yansır.

Dr. Wilhelm Stekel

Dördüncü Mektup

Sevgili kardeşim,

Anne olmak kolay değildir, bunu biliyorsunuz. Size öğrettiklerimi uygulamaya çalışıyor ve kendinizle aralıksız savaşıyorsunuz. Çocuğunuz ağladığında hemen koşuyor, onu avutmaya çalışıyor ve onun için bir şeyler yapmak istiyorsunuz. O anda bütün iradeniz tek bir düşünceye sahiptir: "Çocuğum hasta! Onun sıkıntılarını nasıl sona erdirebilirim?" Bütün gününüzü başka bir iş yapmakla değil, sadece onunla geçirmek istiyorsunuz. Kucağınıza alıp gezdirmek, çeşitli oyunlarla avutmak, temizleyip kundaklayarak bütün vaktinizi ona harcamak istiyorsunuz. Sonra da, bu tür davranışlarınızın çocuğa zarar vereceği düşüncesiyle bundan vazgeçiyorsunuz.

Şunu unutmamalısınız, böyle düşündüğünüz ve davrandığınız anlarda çocuğunuzun geleceğiyle ilgili temel prensiplerin kurallarını koymuş oluyorsunuz. Birinci şartın, çocuk tek başına kaldığında kendi kendisiyle avunacağı ve hayatını böyle şekillendireceği olduğunu unutmamalısınız. Bir çocuğun en çok nelere sevindiğini bilmeniz mümkün değildir. Sizin, ona hoşlanacağını zannettiğiniz şeyler yapmanız veya vermeniz onu sonuca götürmeyebilir. Çocuk ayaklarıyla çeşitli hareketler yapar, elleriyle de bunu destekler, bütün bunların çocuğa her şeyden daha fazla mütluluk verdiğini bilmelisiniz.

Çocuk için her türlü serbest kas hareketleri büyük bir sevincin karşılığıdır. Büyük ve küçük tuvaletini yapması, ıslak kundakta mızmızlanarak da olsa yatması ona ayrı bir zevk verir. Özellikle annesinin memesini emmesi bir çocuğun en önemli zevkidir.

Bazı safdil anneler, çocuğun canının sıkıldığını onun oyun oynamak istediğini zannederler. Onu eğlendirmek için ellerinde sallamaları için çeşitli oyuncaklar verirler, parlak cisimler alırlar. Anne, ses tonunun nasıl olduğuna bakmadan yüksek sesle şarkı söyler, eğer bütün bunların çocuğun mutluluğunu sağlamadığı sonucu çıkarılırsa çocuk kucağa alınır ve odanın içinde onunla dans edilmeye başlanır. Bütün bu hareketler, çocuğun kendi kendisiyle meşgul olmasının önündeki en büyük engeldir.

Çocuk için her şey yenidir. Onun aklını küçümseyerek, geri zekalı muamelesinden kesinlikle kaçınılmalıdır. O hergün binlerce yeni şey görmekte ve onu belleğine kaydetmektedir. Çocuk her gördüğü harika şeyden kendini alamaz ve onunla yeni yorumlara girişir ve uzun süre o şeyle ilgilenir. Örneğin, kendi ayağı çocuğa çok ilginç gelebilir. Onu bir oyuncak gibi seyreder, ağzına götürebilmek için uzun mücadeleler verir ve çoğunda da başarılı olur. Hayatının ilk dönemleri bu tür cambazlıklarla geçip gider. Zaman geçtikçe, bu cambazlıklara yenileri eklenir. Aydınlık ve karanlık, çeşitli sesler, mimikler, kundaklanma, banyo yapma, yeme-içme yeni yeni öğrenilen şeyler arasına katılır. Çocuk hayatının bu sıfırdan başlayan öğrenme macerası insanlara şaşkınlık verebilecek yoğunluktadır.

Çocukla gereğinden fazla ilgilenmek iyi değildir. Bunu fırsat bildiği için intikam almakta gecikmez. Haşarı ve yaramaz olmaya eğilimlidir. Küçük bir ağlamayla herkesi yatağının yanına toplamayı çok iyi bilir; istediği yapılıncaya kadar da bu durumu sürdürür. Kendi kendine meşguliyetin mutluluğunu yavaş yavaş unutur ve herkesi kendine mecbur bir hale getirir.

Çevrenizdeki insanlara dikkat ettiniz mi bilmem, bazı insanlar yalnız kalmaktan çok korkarlar. Şehir hayatının bunaltıcı havasından, gürültüsünden uzakta, sakin bir köyde veya kırda yalnız başına tabiatın sesini dinlemek çoğu insana haz verebilir. Ancak böylesi insanlar sessizlik ve yalnızlıktan ürkebilirler. Bu tür insanlar, dumanlı kahvehane köşelerini, pis kokulu gazinoları kendi kendilerini yenileyebilecekleri dağ havasına değişebilirler. Yalnız kalmak korkusuyla sürekli başka insanlara bağımlı bir hayat yaşarlar.

Çocuklar yalnız kalmayı, kendi başlarına oyun oynamayı bilmelidir. Eğer anne veya bakıcı, çocuğu uyanık bulduğu her an onunla oynamaya kalkarsa yanlış yapmış olur. Bu tür çocuklar büyüdüklerinde ruhsal problemleriyle birlikte hayata uyum sağlamada zorlanabilirler. Ben, daha bir yaşında olan fakat sürekli annelerini yanlarında görmek isteyen çocuklar tanırım. "Anne ne yapmalıyım?", "Ne olur bana bir masal anlat!" diyerek sürekli yanlarında birilerinin olduğunu bilmek isterler. Boş zamanları onlar için aşılması güç bir sorun olacaktır.

Çocuklara verilebilecek en önemli hediyenin kendi kendine kalma, yani hürriyet olduğunu belirtmek isterim. Bu hürriyet, tam bir bağımsızlık olarak anlaşılmamalı. Onun kendi kendini tanıma, etrafını yorumlama, kişiliğini geliştirme yönünde alacağı kararlara yardımcı bir hürriyettir bu. Baştan sona kadar eğitim kuralları içinde geçirilecek bu evre, sürekli annesinin eteğine yapışıp büyümeye çalışan çocukların tersine daha anlamlı ve verimli olacaktır.

Toplumumuzda öyle genç kızlar var ki, evleneceği güne kadar saçını annesi tarar, kıyafetlerini annesi seçer ve ne giyeceğine annesi karar verir. Yine öyle gençler vardır ki, hayatlarının her döneminde telaşlı ve kararsızdırlar. Sürekli bir dosta ihtiyaç duyarlar, kendilerine her söyleneni ciddiye alırlar ve ona göre hareket ederler. Bu tür gençler kendi kendilerine hareket edemezler ve kalplerinin sesine kulak vermekten acizdirler. Öylelerini tanırım ki, koskocaman adam oldukları halde tuvalete anneleri veya babalarının yardımıyla giderler. İşleri bitinceye kadar onların salondan ayrılmasını istemezler. Bu durum, hastalık halini alabilir. İlkokula başladığı halde emzik emen, süt şişesi arayan çocuklar tanırım ben.

Çocuğunuzu daha hayatının başlangıcında rahat olmaya alıştırın. Çocuğün hayal dünyası, dış gerçekle hiçbir zaman bağlantılı değildir. Bırakın, varsın o, kendi mutlu ve küçük dünyasında yeni şeyleri keşfetmek için beynini yorsun. Onlar küçük bir ip yumağını veya bir topu milyonlarca lira verilerek elde edilmiş pahalı oyuncaklara değişebilirler, onlarla daha mutlu olup oyun oynayabilirler.

Beni anladığınızı ümit ederek bunları yazıyorum. Çocuk, kendine gerekli olan güveni, besini ve sağlıklı hali kazanabilmeli. Bütün bunları zaten siz sağlıyorsunuz. Eğer yan öğelerle bahsettiğimiz şeyleri desteklerseniz, çocuk kendi kendini daha çabuk bulacaktır. Bütün insanlarda, birilerini yönetme, tahakküm altına alma hırsı yaradılış gereği vardır. Bunda ölçü fazla kaçırıldığında tahammül edilemez bir hal ortaya çıkar. Çünkü hayatında bütün istek ve hırslarını yüzde yüz elde etmiş insanlar çok azdır.

Ruhsal hayatın, bir anne olarak öğrenmeniz gereken en önemli kuralı şudur: Yönetme isteği, sürekli zayıf bir direnç gösteren yere yönelir. Bu zamana kadar görülmüştür ki, en az direnç gösterenler annelerdir. Çocuk da ilk hükmetme zevkini annesinde tatmış olur. Bu tür bir hırsa kapılmış olan çocukların gerçek hayata uyum sağlamalarının ne kadar zor olduğunu tahmin edersiniz.

İnsan iradesinin de bir jimnastiği vardır.

Çocuk, hayatında birtakım engellerin ve yenilmesi zor dirençlerin varolduğunu erken yaşlarda öğrenmelidir. Çocuğu, anne sevgisini kötüye kullanmaya, yanlış yola girmeye itmemeliyiz.

Bazı anneler, "Ben çocuğumun geleceğini iyice garanti altına almak istiyorum. Şimdi eğitim zamanı değil. Bu kadar küçük çocuk eğitimden ne anlar? Ben daha sonra onu terbiye ederim." diye düşünebilir. Bunun ne kadar saçma bir fikir olduğunu söylememe gerek yok sanırım. Eğitim yaşı yoktur. Çocuk, bu dönemde rahat bir hayat yaşamış olabilir, annesi de durumundan memnun olabilir ancak sonu hiç de tatlı olmaz bu davranışın. Zorluklarla karşılaştığında, hepimizde olduğu gibi çocukta da bir özlem başlar: "Keşke çocukluğuma geri dönebilseydim!" Ama iş işten geçmiştir.

Çocuk düşünceden yoksun değildir. Fikir jimnastiği yapar ve gözlemler. Gelecekteki hayatında çeşitli fikirlerin yorumunu yapacak bir şekilde beyin yapısını geliştirir. Anne ve babası arasında bir kavga olduğunda, çocuğun bundan etkilenmeyeceğini söyleyemeyiz. Böyle kavga ortamlarında çocukların hemen ağladıklarına çok şahit oldum. Fakat şu bir gerçektir ki, aralarında büyük veya küçük sorunlar çıkmayan hiçbir evlilik yoktur. Size en önemli tavsiyelerimden biri de, çocuğunuzun yanında tartışmamanızdır. Çocukların yanında, evdeki diğer insanlarla tartışmaktan da kaçının.

Burada size Jean Paul'ün bir sözünü hatırlatmak istiyorum: "İlk olan her şey çocukta mutlak olarak kalır. İlk renk, ilk çiçek, ilk müzik parçası onun hayatında her zaman ön planı oluşturur. Bununla birlikte en önemli öğe de şudur: Çocuk, her şeyden önce şiddetli ve kuvvetli olan şeyleri hafızasına kaydeder. Hatta en zevkli ve lezzetli şeylerden bile önce..." Jean Paul, bir başka yazısında ise, çocuğun anne ve babasının hatalarını çok acımasızca eleştirdiğinden bahseder.

Ben de kabul ediyorum ki, çocuk çok ciddi bir gözlemcidir. Kimin kendisi hakkında ne düşündüğünü çözebilecek kadar zekidir. Kimin çocukları sevdiğini, kime naz geçirmenin mümkün olduğunu, kime daha fazla hükmedilebileceğini çok iyi bilir. Sizin, rastgele yaşadığınızı zannettiğiniz şeyleri o kasten yaparak sizleri şaşırtabilir. Sizin onunla ilgilendiğinizi farkedince hareketlerindeki değişikliğe dikkat etmenizi öneririm.

Çocuk daha küçük yaşlardan itibaren, küçük zevklerin peşinde koşmaya başlar. Kendi yüzünü tırmalamasına ve bundan da büyük zevk aldığına şaşırabilirsiniz. Çocuk doktorlarının, onlar için kusur olarak nitelendirdikleri davranışları siz de yavaş yavaş öğreniyorsunuz. O yüzden, çocuğunuzun tırnaklarını sık sık kesiniz. Derisini yırtıp kanatmaması için tırnağını kesmek en akıllıca çözümdür; bazılarının yaptığı gibi çocuğun ellerini bağlamak ise bir delilik! Çocuk, elini yüzüne doğru götürmeye başladığında paniğe kapılmayın. Yaradılıştan kazandığı bazı deneyimlerle kendine zarar vermeyeceğini bilir. Parmağını gözüne yaklaştırdığında dikkat ederseniz, hemen göz kapaklarını kapatır. Bu tür refleksler, bütün insanlara verilmiştir.

Bana, bu şekilde davranan, yani kendini tırmalayan bir çocuğa dersini vermek için eline bir tokat vurmanın gerekli olup olmadığını soruyorsunuz. Sanıyorsunuz ki, başka bir tarafını tırmalamak istediğinde tokadın acısını duyar da bundan vazgeçer. Siz, bir tokatla eğitim kuralının tamamını çocuğunuza öğretebileceğinizi mi sanıyorsunuz? Çocuğu dövmenin vahşi bir davranış olduğunu kabullenin. Sebep her ne olursa olsun, bundan kesinlikle kaçınmalısınız. Ben, korkutmak için kundaktaki bebeği döven anne ve bakıcıları çok gördüğüm için, size böyle bir davranışın çok yanlış olduğunu hatırlatmayı bir görev olarak görüyorum.

Daha anne sütüyle beslenen bir bebeğin böyle yetiştirilmesini kabul edemiyorum. Aklı yavaş yavaş çalışmaya başladığında, bebeğin bundan yararlanacağını unutmamalısınız. Doktorların "*katılma*" dedikleri bir hastalık vardır. Çocuğun yüzü mosmor kesilir, nefesi durur ve hırlamaya başlar. Bu korkunç bir manzaradır. Annenin aklı başından gider, çocuğun boğulacağından korkar. Onu sarsmaya başlar ve yüzünü soğuk su ile yıkar. Benim de hocam olan Kassowitz, bu hastalığı "rachitis"in (İngiliz hastalığı) bir sonucu olarak kabul eder. Tedavi olarak da balık yağını tavsiye eder. (Bu arada belirtmeliyim ki, balık yağı, bir halk ilacıdır. Bu zamana kadar denenen birçok çocuğun hayatını perişan etmiş berbat bir ilaçtır!) Kişisel olarak düşüncem, bu hastalığın, yani katılma hastalığının, çocuğun kaslarında meydana gelen ani kasılmaların bir sonucu olarak ortaya çıktığı ve çocuk şiddetinin bir karşılığı olduğudur.

Daha birkaç aylık bir çocuğun sinire nasıl tepki gösterdiğini anlayamıyor olabilirsiniz. Sonraki mektuplarımda bu konuyla ilgili daha geniş açılımlı bilgiler vereceğim.

Çocuğa ceza vermeden onu eğiten annelere ne mutlu! Cezanın bir insanı doğru yola döndürdüğü görülmüş değildir. Dayak da öyle, hatta insan hayatında onulmaz yaralar bırakabilir; üstelik korkudan başka bir işe de yaramaz. Ceza vererek uygulanmaya çalışılan terbiye de korku temellidir. Oysa terbiyenin asıl araçları sevgi, sabır ve çocuğa örnek olmaktır.

Çocuğu her hafta tartıp tartmamanın sonuçlarını da öğrenmek istiyorsunuz. Ben bunu hiç yapmadım. Bunun, sağlıklı çocuklar için gereksiz bir eziyet olduğuna inanıyorum. Hasta çocuklarda ise buna gerek kalmadan doktor ne yapacağını iyi bilir. Çocuğu her hafta tartmak ve değişiklikleri çıplak gözle görmek anne ve babada çeşitli endişelere sebep olabilir. Birazcık zayıfladığı hissedilirse, hemen doktora gidilir veya abur cubur şeyler yedirilmeye çalışılır. Çocuğun bakım ve eğitiminde ne kadar az kuşkuya yer bırakırsanız, hem siz, hem de çocuk o oranda rahat eder.

Mektubu yine fazla uzattım galiba... Fakat ben, size ve bütün annelere daha çok şeyler söylemek istiyorum. Bu mektubumu okuduktan sonra şunu unutmamanızı istiyorum: Çocuğunuz için fazla endişeye kapılmaktan sakının. Yaradılıştan gelen davranış biçimleri ve doğa şartları kendi gereğini uygulayacaktır. İlim, tabiata layık olduğu değeri vermektir; tabiatın üstüne çıkmak veya ona aykırılaşmak yoluyla dejenere olmak değil.

Dr. Wilhelm Stekel

Beşinci Mektup

Sevgili kardeşim,

"Tek çocuk" ile, bugünlerde üzerinde çok durulan "çok çocuk" kavramları üzerine benim ne düşündüğümü merak ediyorsunuz. Bunun arkasından, ikinci çocuğun ne zaman yapılacağını öğrenmek istediğinizi tahmin ediyorum.

Sorunuza açık cevap vereceğim. Bence iki veya tek çocuk isteme hakkı tamamen size ait olmakla birlikte çok önemli bir karardır. Bugün, çocuk yetiştirmek çok zor ve masraflı bir iş. Onları beslemek, en iyi şekilde giydirmek, okutmak için gerekli araçları tamamlamak durumundasınız. Dikkat ederseniz, tek çocuk anlayışı genellikle aydın veya çok zengin ailelerin bir tercihi olarak ortaya çıkmaktadır. Günlük geçimini çok zor şartlar altında kazanan orta ve alt sınıf vatandaşlarımız genellikle çok çocukludur. Halbuki yoksul aileler için çok çocuk bir yüktür. Fakir aileler, "çok çocuk" fikrini benimsedikleri için çok çocuk sahibi olmuş değillerdir. Şehir hayatından uzak ve geçimini zor temin eden insanlar için çok çocuklu olmak, aileye yeni bir gelir kapısı anlamına geldiği için her zaman tercih edilir.

Maddî durumu çok iyi olan kadınlar da annelik görevlerinden kaçtıkları için tek çocukla yetinmek isterler. Çünkü birkaç çocuk olduğunda, onların yükü artacak ve sosyal hayattan kopacaklar, eğlencelerden uzak kalacaklar, daha da önemlisi fiziksel güzellikleri ellerinden gidecektir. Bazı kadınlar ise, çocuk yetiştirmekten ziyade, hamileliğin zorluğu ve doğumdan sonraki birkaç yıllık evrenin zorluğu sebebiyle birtakım sağlık sorunları öne sürerek çocuk yapmaktan kaçınırlar. Maupassant "*Faydasız Güzellik*" *(Beaute Inutile)* isimli eserinde böyle bir tipi anlatmıştır. Siz, tek çocukla annelik görevinin sona erdiğine inanıyor ve başka bir çocuk istemiyorsunuz.

Evde tek çocuğun olması, onda ruhsal hastalıklar meydana getirir. Ben tek çocuk olan bütün evlerde, önemli veya önemsiz birçok problem yaşandığına şahit oldum. Tek çocuğu ergenlik çağına kadar eğitebilmek büyük bir titizlik ve sanat ister. Bunu başarabilmek çok önemlidir ki bunun çok az örneği vardır. Bana gelen örnekler içinde birkaç tanesinin bu şekilde olduğunu sevinerek belirtmeliyim. Özellikle benim büroma gelen hastalar tek çocuklu ailelerdir, buna diğer doktor arkadaşlarım da katılıyorlar.

Dr. Nettel, tek çocuk üzerine önemli ve güzel bir broşür yayınladı. Dr. Friedjung'un da, kendi hastalarında yaptığı araştırmalar sonucunda bu broşürdeki bilgiler kesinleşmiştir. Çocuk psikolojisiyle ilgilenen doktorların çalışma ve eserlerinde de tek çocuk problemi önemli bir yer tutar.

Bunu çok boyutlu olarak ele almak gerekir. Tek çocuk istemenin en önemli sebebi, ilgi ve sevginin başkalarına bölünmeden tek nokta üzerinde yoğunlaştırılmak istenmesidir. Fakat tek çocuğa gösterilen sevginin derecesi, üzerin hassasiyetle titrenmesi kadar zararlı bir şey yoktur. Olur olmaz bahanelerle çocuğun ateşini ölçmek, doktor çağırmak, yemesiyle içmesiyle uğraşmak çok sakıncalı bir davranıştır.

Ailelerin gösterdikleri bu ilgi ve gereksiz hassasiyet çocuğun hayatına mutlak surette etki eder. Çocuk sistemli bir biçimde kuşku ve merak hastalığına tutulur. Hiçbir şey, bu eğitim tarzından daha zararlı değildir. Böyle davranan anne ve babalar çocuklarını kendi odalarının hemen yanındaki odada yatırırlar, çocuk öksürse veya kendi kendine mırıldansa hemen şüpheyle onun yatağına koşarlar. Çocuk, küçük bir aksi davranışla yanına gelen ve kendisiyle ilgilenen ailesini gördükçe mutlu olur ve her fırsatta gerekçesi ne olursa olsun onları yanıbaşında görmek için sürekli aynı şeyleri tekrarlayıp durur. Birtakım hastalıklar uydurmaya, yalan söylemeye bile başlayabilir. Bazen de korku nöbetlerine tutulur. Uyku sırasında bağırmaya başlar. Anne ve babası onu uyandırır, birşeyler sorar, ancak mantıklı cevap alamadıkları için hemen kucaklarına alıp kendi yataklarına yatırırlar. Çocuğun da istediği budur zaten. Bu tür davranış bozuklukları gösteren çocuklar, yatağa işemeyi de bir marifet sayarlar. Tuvalet ihtiyaçları geldiğinde doğru olanı yaptırmak güçleşebilir. Yatağa işememesi için sık aralıklarla kaldırılan çocuğun uykusu bölündüğü için zamanla rahatsızlıkları artar. Görüldüğü gibi tek çocuk, birkaç çocuktan daha fazla sıkıntı oluşturabilir.

Çocuk anne ve babasına karşı bazı sıkıntılar çıkararak, ilginin kendi üzerinde yoğunlaşmasını sağlar. Aile ne zaman arkadaşlarla tiyatro veya sinemaya gidecekse hemen hastalık numarasına başvurulur ve çoğu zaman ateşin yükseldiği yalanı söylenmeye başlanır. Aileyi kendi etki alanı içine alan bu tür çocuklar, bir süre sonra kendi davranışlarına göre bir hayat yaşanması için evdeki kuralların değişmesine sebep olur.

Bunun bir başka ve en önemli sakıncalarından biri de, çocuğun sürekli olarak büyükler arasında kalıyor olmasıdır. Birkaç saatliğine oyun arkadaşlarıyla buluşan çocuk, gününün çok önemli bir bölümünü ailesiyle birlikte geçirmek zorundadır. Tek çocuk olduğu için sokağa çıkması istenmez, başka çocuklarla irtibatı kesilir. En önemli gerekçe ise, çocuğun sokak kültürünü alarak aile eğitiminden uzaklaşması korkusudur. Büyükler çocuk gibi, çocuk da büyükler gibi davranarak, sahte bir hayat yaşayıp giderler. Zaman zaman çok sıkılan çocuk, sürekli olarak annesine sorular sorar ve onu rahatsız eder: "Anne, şimdi ne yapayım?", "Şunu da isterim." gibi. Bir süre sonra hem kendi, hem de karşısındaki insan bu sorular karşısında bunalır ve ters bir tepki gösterebilir.

Çevrenin gayretlerine rağmen, çocuk ileriki yaşlarda kendi haline terkedilir. O zaman da hayaller kurmaya, kendi kendisiyle konuşmaya başlar. Kendisi için bambaşka kişi ve olaylarla dolu olan gerçek dünyadan kopup kendi iç dünyasına çekilir. İlk zamanlar çocuğu ilgi çemberi içinde sıkmak, bir süre sonra da tamamen serbest bırakmak kesinlikle kaçınılması gereken bir davranıştır. Dikkat edilirse, tek çocuk, bencil ve sosyal yanı gelişmemiş bir insan olur.

Tek çocuğun hatalı beslenmesi de üzerinde durulması gereken bir konudur. Annesi için çocuk, sürekli zayıf ve durmadan yemek yemesi gereken bir yaratıktır. Burada, zorla yedirme veya gereğinden fazla yedirme üzerine de birkaç şey söylemek isterim.

Yemek, çocuk için bir zevk haline getirilmelidir. Fakat bunun tam tersi olmaktadır, yani yemek eylemi bir zorunluluk şeklinde sunulmaktadır. Çocuk, herhangi bir sebeple az yemek yese azarlanıyor veya dövülüyor, eğer tabağındaki yemeğin hepsini yemiş olursa iltifatlar ediliyor ve alkışlanıyor. Şunu kabul etmek gerekir, çocuk için bir yemek hiç de cazip olmayabilir ve hatta çocuk o yemekten iğrenebilir bile. Sadece doktoru veya komşu kadınlar tavsiye etti diye zorlayıp yedirmek yanlıştır.

Bu durumda, çocuk, yemek yemek veya yememek konusundaki tavrını kesin bir tepkiyle ortaya koyduğunda ailesini cezalandırmış olur. Bazen bu durum hiç memnunluk vermeyecek bir konuma da gelebilir. Annenin ağlaması, babanın bağırıp çağırması çocuğun ruh dünyasını allak bullak eder.

Çeşitli cazip teklifler, vaatlerle kandırılan çocuk birkaç lokma yediğinde bütün dünyalar ailenin olur.

Ben çok iştahlı biriyim. Her şeyi istediğim zaman yerim. Bu huyumu, çocukluğumda yemek konusunda baskı görmemeye borçlu olduğumu söylemeliyim. Ailemi, yemek yememe konusunda hiçbir zaman korkutamadım. Birkaç defa denemiş olmama rağmen annemin şu sözleriyle karşılaştım her seferinde: "Tamam, cezaya layık olduğunu kabul ediyorsun, o halde cezanı da kendin vermiş oluyorsun!" Kendi kendime gülmeye başlamış ve hatta utanmıştım. Karnım acıktığında ne bulursam mideme indiriyordum.

Amerika'da bulunduğum sırada yaşadığım dikkat çekici bir olayı anlatmak istiyorum:

Bir gün genç bir anne geldi. İki yaşındaki kızı Anny, lokmaları uzun süre ağzında tutuyor ve yutmadan tükürüyordu. Biz buna "çiğneme tembelliği" diyoruz. Her türlü ceza ve ödül etkisiz kalmış, onu bu alışkanlıktan bir türlü vazgeçirememişlerdi. Her yemek zamanı aile için işkence halini alıyor, anne ağlayarak bir şeyler yemesi için onu zorluyor, babası da zaman zaman onu dövüyordu, ancak sonuçta bir iyileşme görülmüyordu. Tanınmış bir doktor, zorlayarak yedirmenin denenmesini istedi. Çocuk her tükürdüğünde, önüne başka bir tabak içinde değişik bir yemek konulacaktı.Yorulup o yemeğe ilgi duyuncaya kadar bu durum sürecekti. Yoksa, çocuk açlıktan ölme noktasına gelecekti. Fakat bu acı tavsiye bile işe yaramamıştı. Çocuk, doktorun dediği gibi hergün biraz daha zayıflıyor ve neredeyse ayakta duramayacak hale geliyordu.

Anny'yi yanıma getirmelerini söyledim. Hasta olmasına rağmen ilk bakışta sevimli görünen bu cılız kızcağız beni çok üzdü. Beslenme yetersizliğinden zayıf kaldığı ortadaydı, çünkü herhangi bir dış arızadan söz etmek mümkün görünmüyordu.

Fakat bir süre sonra başka hastalıkları olduğunu anlattı annesi. Yıkanmaktan da hoşlanmıyordu, banyoya gidildiğinde avazı çıktığı kadar bağırıyor ve hemen dışarı çıkmak istiyordu. Anny'de bu durum, bir erkek kardeşi dünyaya geldikten sonra ortaya çıkmıştı. Anny, bebeğin banyo yapmasını büyük bir ilgi ile seyredermiş fakat bir süre sonra bu hale gelmiş. Onlara, bebek emzirilirken veya yıkanırken küçük kızın başka bir odada bulunması gerektiğini söyledim. Yemek yerken onunla ilgilenmemelerini, yemeğe zorlamamalarını, lokmaları ağzına aldıktan sonra tükürmesine dikkat etmemelerini söyledim. Anny'nin bir süre sonra onlardan yemek isteyeceğini de iddia ettim. Annesi, kızının haline çok üzülüyor ve kısa zamanda açlıktan öleceğini zannediyordu. Ben, annesi bebeği emzirirken Anny'nin kıskançlık krizine tutulduğunu düşünmüştüm. Fakat inanıyordum ki, açlık kıskançlığa galip gelecekti. Bu yüzden verdiğim sözler ve tavsiyelerimde ısrar ettim. Endişeyle çocuğa yaklaşmamalarını, onu rahat bırakmalarını istedim.

Söylediklerimin sonucunu merak ediyorsunuz değil mi? Çocukta meydana gelen değişiklikler şaşırtıcı idi. Anny, lokmaları yine ağzında tutuyor ve bir süre sonra tükürüyordu. Fakat hiç kimse onunla ilgilenmiyordu artık. Ne azarlayan vardı, ne de ağlayarak birkaç lokma yemesi için yalvaran... Kızcağız, şaşkınlık ve hayretle etrafına bakıyordu ama herkes kendi dünyasında idi. Birkaç saat sonra annesine karnının acıktığını söylemişti Anny. Birkaç hafta içinde tamamen iyileşti. Evlerinin yanından geçerken, onu, başka çocuklarla oynarken gördüm, yanakları kırmızı, yüzü parlak ve canlıydı. Annesi, dünyanın en mutlu insanıydı artık. Bana nasıl teşekkür edeceğini bilemiyordu.

Çocukların yetiştirilmesi hakkında ele alacağımız birçok konu var. Tek çocuklu aileler, genel eğitim kuralları veya natalar için hazırlanmış bir liste gibidirler.

Şu noktaya da dikkat çekmek isterim: Bu şekilde yetiştirilen çocukların gençlikleri de sıkıntı içinde geçecektir. Çünkü bu çocuklar, etraflarındaki büyüklerle ilişki içine girdikçe kendilerini onlar gibi hissetmeye başlayacaklardır. Hayatla daha genç yaşlarda karşı karşıya gelirler, erken olgunlaşmış olurlar fakat bir tarafları daima çocuk olarak kalır. Bir daha ellerine geçmeyecek olan çocukluğun özlemiyle ömürlerinin sonuna kadar giderler.

Mektubu bitirmeden önce, ikinci çocuk hakkındaki düşüncelerimi de size aktarmak istiyorum:

İkinci çocuk, hemen ilk çocuğun arkasından gelmelidir. Ben iki doğum arasında fazla aralık olmasını tavsiye etmiyorum. Bu durum, uzun zaman tek başına yaşamaya alışmış olan çocukta gereksiz kıskançlıklara sebep olabilir. Bu kıskançlığı gidermek, iki çocuk arasındaki yaş farkı ne kadar az olursa o kadar kolay olur. Kardeşler, bir diğeri için en iyi oyun arkadaşıdır. Çocuklar, aynı seviyelerde grup oluştururlarsa eğitimleri de o kadar kolaylaşır.

Siz şanslı ve mutlu bir annesiniz. Benim prensiplerimi biliyorsunuz: Dünyaya çocuk getirmek hakkı, yalnızca mutlu çiftler için geçerlidir. Çocuğunuzu acılarla dolu bir geleceğe bırakmak istemezsiniz sanırım. Bana göre, bir ailenin hiç çocuğunun olmaması tek çocuğu olmasından daha iyidir.

Anne olmak, zor görevlere talip olmak demektir. Bu görevler o kadar önemlidir ki, doğru bir eğitim sistemi içinde sonucu ödüllerle dolu olabilir. Çocuklar, hayat piyangosunun pahalı biletleridir. Bu bilete büyük ikramiye çıkması veya hiçbir şey çıkmaması tamamen sizin elinizdedir.

Dr. Wilhelm Stekel

Altıncı Mektup

Sevgili kardeşim,

Çocuğun gerçek eğitiminden daha zor bir görev düşünemiyorsunuz. Dikkatinize sunduğum eğitim yanlışlarından sakınmaya çalışırken, çevrenizdekilerin kusurlarını da değerlendirmek zorunda kalabilirsiniz. Çevrenizde bulunan insanların kontrolü tamamen sizin dışınızdadır. Hizmetçinize, çocuğunuza korkunç öcü hikayeleri anlatmamasını söylemiştiniz. Fakat bir gün, "Eğer uslu uslu oturmazsan, öcüler seni alıp götürür." dediğini duymuştunuz. Bunun ne kadar kötü bir hareket olduğunu biliyorsunuz. Eğer siz, "Korkma evladım... Öcü diye birşey yoktur. Ablan seni korkutmak için bunları söylüyor." derseniz, kısmen hatanın önüne geçebilirsiniz. Bu durumda, çocuğun sizi anlayıp anlayamayacağını düşünmeyiniz.

Anatole France'in çok doğru bir sözü vardır: "Küçük çocuklar, tanınmamış dehalardır. Onlar insanlığın üstünde kuvvetlere sahiptirler. Bu ilk hayat kudretleri, bu ilk ruh heyecanları hiçbir şeyle karşılaştırılamaz." Bu yüzden çok dikkatli olmak, çocuğa söylenecek şeyleri iyice tartmak zorundayız. Sınırsız ricalar da zararlı olabilir.

Bütün anneler için kendi çocukları bir tanedir. Çocuklarını bütün çocuklardan zeki ve güzel bulurlar. Yetişkinler arasında bu kadar çok çirkinler ve aptallar gördükçe insan, annelerin hayran oldukları o çok güzel çocuklardan nasıl olup da bu ucubelerin meydana geldiğine şaşmaktan kendini alamıyor. Hayatta çok tehlikeli olduğuna inandığım iki ruh hali vardır: Üstünlük ve övünme duygusu-aşağılık ve yetersizlik duygusu. Ruhsal hastalıklarda önemli bir rol oynayan bu iki temel çocukluk döneminde yerleşir. Çocuk sürekli, kendisinin zeki ve güzel olduğu, özel yeteneklere sahip bulunduğu, yaşının çok üstündeki şeylerin üstesinden geldiği düşüncesine kapılır. Fakat bir gün, hayatın acımasız kurallarından biriyle karşılaştığında kendine gelir. Çirkin, aptal, yeterince gelişmemiş, aşağılık biri olduğu yüzüne vuruldukça hayatı kararır.

Jean J. Rouessau'dan aldığım şu birkaç cümlenin altını çizmelisiniz:

"Bir odaya ilk defa giren kediye dikkatle bakın. Kulaklarını diker, çevresini dinler, gözetler, burnunu oynatarak hafifçe koklar ve yerinde duramaz. Herşeyi tam anlamıyla öğrenmeden eşyaya dokunmaz. Çocuk da yürümeye başladığında, dış dünyayla ilişki kurduğunda aynı şekilde davranır. Çocuk, çevresindekileri elleriyle, kedi ise hassas noktası olan burnuyla tanımaya çalışır. Çocuğun alışkanlıkları hangi doğrultuda yönlendirilmişse, ileride de o doğrultuda akıllı veya aptal, yetenekli veya becereksiz olarak hayatını devam ettirir."

En büyük tehlikenin, çocukları korkutarak eğitmek olduğunu unutmamanızı tavsiye ederim.

Çocukların hangi sebeplerle kuşkucu olduklarını, saplantıları nasıl kendilerine kural haline getirdiklerini bundan sonraki mektuplarda ele alacağım. Burada, ilk eğitim sırasındaki korku ve bağımsızlıktan sözetmek istiyorum. Bebekler, ilk adımlarını atmaya başladığında anne ve babanın heyecanına hiç tanıklık ettiniz mi? Çocuk düşecek, bir yerlerini kıracak diye endişelenirler. Çocuğun düşmesini önleyecek sandalyeler bulurlar ve hemen onu bu sandelyelere sabitlerler. Evde veya sokakta, düşmemesi için sürekli ellerinden tutulur, koşmasına engel olunmak için çeşitli bahaneler öne sürülür. Çocuk, kazara düşmüşse hemen kızılır ve hemen hemen şu sözler söylenir: "Bak gördün mü? Allah seni nasıl cezalandırdı. Eğer bizim sözümüzü dinlemiş olsaydın ve elimizi bırakmasaydın şimdi düşmezdin." Çocuğun aklındaki Allah inancı da bu sözlerle zedelenir. Çocuk onu sürekli düşüren, ellerini veya bacaklarını yara bere içinde bırakan bir Allah kavramı geliştirir, anne ve babasına karşı daha farklı ve erişilmez duygular beslemeye başlar. Küçük yaştaki bir bebeğe Allah'ın bu şekilde anlatılmasına karşıyım. Çünkü daha birçok şeyi anlamakta ve kavramakta güçlük çeken çocuk için Allah da anlaşılmazlar arasındadır.

Çocukları yürüme dönemlerinde tamamen rahat bırakmak gerekir. Düşe kalka büyüyen çocukların daha çevik, daha sağlam oldukları bellidir. Eğer düşüp bir yerini acıtırsa, bir dahaki sefere daha dikkatli davranır ve düşmemeye özen gösterir. Kedi yavrularını düşünün, düşmeyeceklerinden emin oldukları zaman ağacın en yüksek tepesine tırmanırlar. Kuşlar da öyle. Uçma kudretinde olan kuş, ne yaparsanız yapın yuvasında durmaz, hemen havalanıverir. İnsanları da aynı şekilde değerlendirmek lazım. Kendinde yürüme, koşma gücünü bulan bütün çocuklar bu düşüncelerinin gereğini yerine getirmelidir.

Bir gün kendi evimde, henüz on üç aylık olan bir çocuğun yürümesine tanıklık ettim. Çocuk o kadar hareketli idi ki, beni bile şaşkına çevirmişti. İlk adımlarını attıktan sonra, yani üç-beş gün içinde bizim evin iç merdivenlerini tırmanmaya başladı. Çocuğa arkası dönük olarak iş yapan annesi, onu kapının önünde görünce korkudan ve hayretten ne yapacağını şaşırmıştı. Birkaç gün sonra, aynı çocuğu bahçede dama yaslanmış demir merdivene tırmanırken gördüm. Çocuk o kadar hareketliydi ki, onu engellemenin imkanı yoktu. Bunun kalıtsal birşey olduğu varsayımından hareketle hareketlerini seyre koyuldum. Babası da, basit işlerle uğraşmasına rağmen, elinden her şey gelen bir adamdı. Anladım ki, böyle bir adamın çocuğu, yaşıtlarına göre farklılıklar gösteriyordu.

Basit ve sığ düşünen bazı annelerin çocuğa bağırmaları ve onu dövmeleri de çok yanlış bir harekettir. Eğitim kurallarını iyi öğrenmek ve çocuğa öğretmek önemli bir maharettir. Tehlikeyi basit bir şekilde ve dostça anlatmak başvurulacak yollardan biri olmalıdır. Buradan şu sonuç çıkmamalı, çocuk kafasını kırmak ihtimali de olsa merdivene tırmanmalıdır. Ailelerin bu konuda uygulayacakları anlaşılır bir ölçüleri mutlaka bulunmalıdır.

Çocuğu korkutarak eğitmek isteyenlerin sığındıkları şey, cinler, periler ve öcülerdir. Köşe başında bekleyen ve yaramazlık yaptığında onu alıp götürecek hırsız, dilenci veya bekçi bu anlamda kullanılan korkutma ifadeleridir. Daha üç yaşında iken, evimizin hizmetçisi, beni bir gece alıp götürecek bir dilenci ve şeytanla korkutmuştu. Daha o yaşta, dilencinin, öcünün ve şeytanın ne olduğunu anneme sorduğumu hatırlıyorum. Annem, akıllı bir kadın olduğu için hemen beni yatıştırdı: "Bu söylenenlerin hiçbiri yoktur oğlum. Bütün kötülüklerin başı insandır. Eğer iyi insan olursan, bütün bu anlatılanlar seni korkutamaz."

Annem, çocukluğumun hiçbir döneminde Allah'ın cezasıyla beni korkutmadı. Dinsel konulardaki ilk bilgilerimi ergenlik çağına geldiğim dönemlerde aldığımı söylemeliyim. Bu eğitim anlayışının sonuçlarını ileriki yaşlarda gördüğümü de belirtmeliyim. Daha beş yaşında bir çocukken, karanlık sokaklardan veya mezarlıklardan eve gidip gelmeyi öğrenmiş, bu konuda hiçbir korku duygusuna kapılmamıştım. Delikanlılığa geçtiğim yıllarda da korkunun ne olduğunu bilmezdim.

Çocuğu eğlendirmenin bir görev olduğunu düşünen anneler, sürekli yeni hikaye ve masallar anlatarak, onun hayal dünyasına katkıda bulunmaya çalışırlar. Masallarla ilgili görüşlerimi başka bir mektuba sakladım, ancak şunu bilmenizi isterim: Çocuğa masal anlatabilmek için, onun masalı anlayacak çağa gelmiş olması gerekir. Bana sorarsanız, en iyi başlangıç, içinde çeşitli hayvan figürlerinin bulunduğu kitapları çocuklara hediye etmektir. Çocuk, bu resimden kendi kendine hikayeler çıkarabilir ve bunları sizlerle de paylaşmak isteyebilir. İçinde ölümler, katliamlar, acımasızlıklar bulunan masalların çocuklara hiçbir yararı olmayacağını ve hatta zararı dokunacağını belirtmeliyim.

Çocukların belleklerine güvenin. Onlarda ne kadar müthiş bir hafıza kudreti olduğuna ben bizzat tanıklık ettim. Schiller'in, "Ejderle Boğuşma"sını aynen anlatan iki yaşındaki bir çocuğu dinlemiştim. Anne ve babası, çocuklarının bu farklı özelliğini evlerine gelen bütün misafirlere öyle ballandıra ballandıra anlatıyorlardı ki, şaşmamak elde değildi. Şu anda, Gertrud Baumer ve Lilli Droescher'in "Çocuk Ruhuna Dair" isimli kitabını okuyorum. Kitapta, henüz üç yaşında olmasına rağmen uzun bir şiiri ezberleyen Otto hakkında bir bölüm var.

Psikologlara göre bu tür gözlemler, bir hastalığın sebepleri arasında sayılabilir. Çocuklukta anlatılan hikaye ve masalların birçok ruhsal rahatsızlığa sebep olduğu bilinmektedir. Hastalarımızdan öğrendiğimize göre, bu etkileşimler, insanların hayatları boyunca sürüp gidiyor. Çocuğun aklına bir yığın anlamsız ve boş şeyi doldurmak bu anlamda çok gereksizdir.

Şarkılar da bu şekilde anlaşılmalı ve değerlendirilmelidir. Günümüzdeki saçma sapan şarkı sözlerinden de çocukları uzak tutmak zorundayız.

Çocuklarıma şarkı öğretme zamanı geldiğinde ne kadar zor bir durum karşısında olduğumu anladım. Bildiğimiz şarkılar arasında bize en uygun olanı bulabilmek için çok uğraştım ama bunların çoğu uygun değildi. İşin kolayını bulup, birçok tekerleme, manzum hikaye yazmaya başladım. Daha sonra tehlikesiz çocuk şarkıları bestelemeye bile başladım. Öyle bir sonuç elde ettim ki, çocuklar hem müzik hem de söz olarak en basit parçaları tercih ediyorlardı. Çünkü bu tür şarkıları kolayca anlayıp ezberleyebiliyorlardı. İşten eve her döndüğümde, çocuklar önümü keser, "Baba, bugün bize hangi şarkıyı öğreteceksin?" derlerdi. Mahalledeki başka çocukların da bu şarkılara eşlik ettiğini gördüm. Bir süre sonra bir çocuklar korosunun şefi gibi olmuştum. Bestelediğim şarkılar o kadar ilgi çekti ki, yakın çevremdeki konserlerde söylenmeye başlandı. En sonunda, seçmelerden oluşan bir kitapçık bile basıldı. Sokaklarda yürürken, kendi çocuklarım için yaptığım besteleri başkalarının da mırıldandığını duymaya başladım.

Bugün, yaptığım şarkıları gözden geçirdiğimde birçok hata bulabilirim ancak o günün şartlarına göre bunların önemli ve kayda değer şeyler olduğunu belirtmeliyim. Şarkılardaki, korku ve yaramazlıkla ilgili bölümleri kesinlikle kaldırırdım. Yaş gruplarına göre yeniden düzenler ve her şarkı grubunu, ona göre yeniden sınıflandırabilirdim.

Tam yirmi beş yıl önce, bu konularla ilgilendiğimi ve hastalarımın bu alanda bana gösterdiği kolaylıklar çerçevesinde yeni çözümler ürettiğimi görüyorsunuz. Doktorların yalnızca, sağlık kontrolleri ve muayenelerle ilgilendiğini zannedenlere bu çalışmalarım ters gelebilir. Bizim, sağlık kontrollerinden daha önemli görevlerimiz vardır. Bunlardan en önemlisi, hastalara doğru bilgiler vermek, onları yanlış hareketlere yönelmekten kurtarmak ve korumaktır.

Meşhur çocuk doktorlarından biri olan Czerny'nin birçok düşüncesine katılmamakla birlikte, 'Eğitimci Doktor' isimli kitabını sizlere öneririm. Kitabı okuduktan sonra, bu konuda sadece benim değil, birçok otoritenin de aynı şeyleri düşündüğünü göreceksiniz.

Dr. Wilhelm Stekel

Yedinci Mektup

Sevgili kardeşim,

Çocuk eğitiminin bu kadar çetin bir iş olduğunu sanırım tahmin bile etmiyordunuz.

Bana sorduğunuz birçok sorudan ancak birkaçını burada cevaplandıracağım. İlk önce, çocuğa temizlik alışkanlığını nasıl kazandıracaksınız, onun üzerinde duralım. Çocuk oyun oynarken bilinçsiz bir şekilde üstünü başını kirletebilir. Sabahları üzerine giydirdiğiniz tertemiz elbiselerin birkaç saat içinde lekelendiğini görmek sizi kızdırabilir. Mysophil adı verilen bir davranış biçimini sergileyen çocuklar, üstlerini kirletmeyi severler. Bunu anladığınız anda işin çözümü için önemli bir aşama kaydetmiş olursunuz. Çocuğunuzun odasına girdiğinizde, altını kirletmiş ve dışkısıyla duvara garip şekiller çizmiş olduğunu görünce korku ve dehşetle nasıl irkildiğinizi tahmin edebiliyorum. Oysa siz, daha yedi aylıkken, çocuğunuzun kakası geldiğinde tuvalet için oturak aradığını övünçle anlatıyordunuz.

Toplumumuzdaki birçok anne, buna benzer hikayeler anlatıp dururlar. Dik başlı ve asi çocuklara temizlik eğitimi verilirken, ne kadar ters tepkiler alındığı bilinmektedir. Annenin istediğinin aksine yataklarına pisletmek, elbiselerini kirletmek onlar için ayrı bir tepki gösterme şeklidir. Bağırıp çağırmak ve dayağın bu tür çocuklara hiçbir faydası olmaz. Dayağın, kesinlikle daha ters tepkilere sebep olduğu gözlenmiştir. Bence, en iyi çözüm, çocukla diyaloğa girmektir. Bu yaptıklarından dolayı onu sevmediğinizi, oysa onu büyük insanlar gibi değerlendirdiğinizi anlatırsanız, çözüme bir adım yaklaşmış olursunuz.

Ruhsal problemleri olan çocukların tedavisi de çok zordur. Onlar bizim eğitim kurallarımızı kendi bildikleri doğrultuda anlar ve uygularlar. Normalin dışında gelişme gösteren çocuklar için de durum farklıdır. Temizlik işini ya çok abartırlar veya hiç temizlik yapmazlar. Temizliğe yanaşmak istemezler ve bu konuda ısrarlı, oldukça da hırçın bir hal alırlar. Kendilerini yerden yere atarlar, annelerini ve babalarını ısırırlar, tepinir ve sinirinden kriz geçirecek dereceye gelirler. Böyle çocuklar, dayak yedikleri zaman da sert tepki gösterirler. Normal çocuklar bile, eğer dayak olayı işin içine girerse tepkisini göstermekten kesinlikle çekinmez. Normal ve anormal yetişen çocuklar arasında belirgin farklılıklar olduğu gözden kaçmamalıdır. Anlaşılır ve mantıklı istekleri olan çocuklar daha erken ve ciddi bir biçimde yetişir, etrafında olup bitenleri daha kolay algılayabilirler.

Çocuk, ilk haz hislerini büyük çişini yapmaya başladığı dönemde yaşar. Büyük çişini tutma ve eylem sırasında yaşadığı zevk başka bir şeyle ölçülemez. Bu çocukların bir hafta boyunca çişlerini tutabildikleri görülmüştür. Ciddi bir sorun olan konuyla ilgili önlemlerin başlangıçta alınması gerekir. Çocuk, şırınga ile vücuduna verilen müshil ilaçlarını tutar ve dışkıyla birlikte geri gönderir. Yapılan şeyler karşılıksız kalır. Anne ve baba, çocuğun tuvaletini yapması için uyguladıkları bu işlerde başarısız olurlar ve çocuk adeta, onlarla dalga geçer. Hiç beklenmedik bir anda evin tam ortasına kakasını yapan çocukları çok gördük. Daha iki yaşında olmasına rağmen makatından zeytinyağı verilmiş bir çocuğu anlatmışlardı. Bir süre sonra, içindeki bütün pislikleri çıkartan çocuk, evin içinde temiz eşya bırakmadan her yeri kirletmişti.

Bu durum karşısında üzülmemek ve azarlamamak ama sevinmemek de gerekir. Çocuklar, yaptıkları bu kusurlar karşısında tepki göstermeyen bir aile bulurlarsa, bir süre sonra normal hale dönebilirler.

Bazı aileler, çocuğa temizlik alışkanlıklarını öğretirken, onun daha o yaşlardan itibaren utanmaya başlamasını isterler. Böyle bir eğitim yöntemi hem basit, hem de rahattır. Ancak birçok sakıncayı da beraberinde getirir. Bu konuya gelmişken, utanma konusu hakkında bazı ipuçları da vermek isterim.

Çocukları, sürekli olarak utanmakla, ayıpla korkutmak yanlış bir eğitim şeklidir. Utanma duygusu, idrak ve akılla birlikte büyüyen bir olgudur. Yani bilmemesi gereken bir şeyi bildiğini göstermemek çocuk için en önemli konudur. Çocukların utanmaz yaratıklar olduğu söylenir, çırılçıplak olmak onlar için hiçbir anlam ifade etmeyebilir. Bu yüzden, çocukları bu tür yanlış davranışlara sevkeden hareketlere karşı çıkmalıyız. Çocuklar, utanmanın ne anlama geldiğini bilmediğinden, nasıl davranmaları gerektiğini de kavrayamazlar.

Mahallemizdeki bir ailenin çocuğundan söz edeceğim. Anne ve babası, pijamalarıyla oturma odasına gelmesini istemiyorlardı. Misafirlerin de olduğu bir akşam, odaya çırılçıplak giren çocuk, herkesi şaşırtmıştı. Çocuğun bu hareketine en büyük sebep, pijamayla oturma odasına gelmesinin yasak edilişiydi.

Çocuklar, kendilerine yasak edilen şeylerle ilgili sözcüklere harfi harfine dikkat ederler.

Küçük W., portakala çok düşkün bir çocuktu. Annesi, yakında bulunan bakkal B.'ye , W. geldiğinde ara sıra kendi hesabına bir portakal vermesini istemişti. W. bir gün iki portakal yemişti. Annesine bakkal B.'den yeni portakal alıp almayacağını sordu. Annesi ona kızmış ve kesinlikle bakkal B.'ye gitmesine karşı çıkmıştı. Bir süre sonra bahçede portakal yiyen W.'yi gören annesi şaşkınlıkla; "Ben sana bakkala gidip portakal almayacaksın demedim mi?" deyince küçük çocuğun verdiği cevap şöyle olmuştu: "Ama ben B bakkala gitmedim ki, portakalı L. bakkalından aldım!"

Bu örnekten de anlaşılacağı gibi, küçük çocuklar bizim sandığımızdan daha zekidirler. Onlarla konuşurken ne kadar dikkatli davranmak zorunda olduğumuzu, anlatmama gerek yoktur umarım.

Çocuklara kazandırılmak istenen utanma duygusunu fazla abartmamak gerekir. Annelerin, "Herkes sana bakıyor, yaptığından utanmalısın!" şeklinde çocuğu azarlamaları tehlikeli sonuçlar doğurabilir. Çocukların bütün hareketlerini bir yaramazlık sayıp azarlamamak gerekir. Böyle yetiştirilen çocuklar, ileriki yaşlarda gereğinden fazla utangaç, hatta çekingen ve çabuk kızan insanlar olabilirler. Bu durum onları daha önemli ruhsal sıkıntılara da götürebilir. Herkesin kendisiyle ilgilendiğini zanneden bir çocuk, sürekli bir utanma korkusuyla yaşar. Başkalarından utanmayı çok abartılı bir biçimde çocuğa aktaran ailelerin, yukarıda sözünü ettiğimiz hatalara sıkça başvurduğunu belirtmek isterim.

Daha çocuktur deyip, onların yanında uygunsuz hareketler yapmaktan kesinlikle kaçınmak gerekir. Çocukların ilk gözlemleri, sonradan kazanılanlardan daha keskin ve dikkat çekicidir. Birçak kez, tavuk kesilirken veya balık tutulurken onları seyreden çocukları görmüştüm. Bilhassa köylerde, büyükbaş hayvanlar çocukların gözleri önünde öldürülür.

Spitter, "Çocukluk Hatıralarım" isimli kitabında, bir hayvan boğazlama işi esasında, kaçmak istediği halde babasının onu yakalayıp olayı nasıl zorla seyrettirdiğini anlatır. Burada, Spitter'i örnek göstererek, onun ruhsal dünyasında bir değişim olup olmadığından hareketle, normal bir sonuca gidecek ve benim düşüncelerimin yanlış olduğunu söyleyeceksiniz. Şunu unutmamanız gerekir, her çocuk, Spitter'in zeka seviyesine sahip olmadığı için, bu korkunç manzaranın kötü etkisinden kaçınmayı beceremeyebilir. Kaldı ki, ünlü yazar, bu olay karşısında ne kadar etkilendiğinin ipuçlarını sunmuyor okuyucularına. Ben, doktorluk hayatım boyunca bu tür örneklerin çocukların cinsel hayatlarını bile etkilediklerini gördüm. İnsanlar arasında öyle sadist yaradılışlı olanlar vardır ki, onlar bunun tam aksini iddia etseler de gösterdikleri davranışlar başka şekilde tanımlanamaz.

Korkarım, bize ait masalların tamamına yakını gerçeküstü vahşiliklerle doludur. Bu yüzden Grimm'in masallarını çocuklara okutmak için çok erken davranılmaması gerektiğine inanıyorum. Ancak büyüklerin okuyup yorum yapabilecekleri Grimm masalları, bence olağanüstü güzel kitaplardır. Şair ve yazarlarımız, çocuk dünyasına seslenen daha az zararlı veya zararsız masal, hikaye ve şiirler yazarlarsa insanlık tarihine önemli bir hizmet yapmış olurlar. Ben, kendi adıma, bu tür çalışmalara öncülük ettiğim için kendimi mutlu sayıyorum. Benim masallarımda hayvanlar konuşur, bulutlar da insan olur. Çocuk ruhunu sıkıntıya sokan ve hayal dünyasında birçok kargacık burgacık anlamsızlıklar taşıyan yaratıkları ve korkunçlukları masallarıma hiçbir zaman sokmadım.

Anormal çocuklar acımasızlığa daha meyillidirler ve bu konuda artık kendilerini isbata çalışırlar. Hayvanlara karşı kesinlikle acımasızdırlar. Anne ve babasının üstüne yürüyüp onlara vurmak veya onları ısırmak isterler. Babalarının, birini dövdüğünü görmüşlerse, babalarına el bile kaldırabilirler. Bu tür hastalıklar taşıyan bir çocuk mümkün olduğunca evden uzaklaştırılmalı ve yeni bir programla terbiye edilmelidir. Çünkü ne anne, ne de baba, hiçbir ceza vermeden bu çocuğu eğitemezler. Bu tür bir ortamda eğitilen çocukların sayısı oldukça azdır.

Zeki ve çok yetenekli çocuklar da bu tür davranış bozuklukları sergileyebilirler. Böyle bir durumla karşılaşıldığında hemen bir psikolog ve doktora gitmekte fayda vardır.

İnsanlar sevgi ve sabırla, demire bile şekil verebilir. Çocukların bu tür davranışlarına göz yummamalı ancak sabırlı bir yaklaşımla onu eğitmeye çalışmalıdır. Çocuğu buna iten sebepleri ilk önce annede ve babada aramalı ve kendi uygulamalarından yola çıkılarak bir çözüm üretilmelidir. Dayaksız bir şiddet ve sevgi bu tür huysuzlukları daha başlamadan bitirebilir. Aileler, çocukları üzerine ne ekmişlerse onu biçerler. Sevgiyle dolu bir aile ortamı çocuğun da aynı şeylerden beslenmesine imkan sağlar. Fakat sevgiyi, bir zaaf olarak yorumlamamak gerekir. Yaramazlıkların bir kuşkuyla başladığını, ölçüp biçilerek ayyuka çıkartıldığını daha önceki mektuplarda anlatmıştım. Ailesini sınayan çocuk, tepki görmediğini hissettiği anda yaramazlıklarının dozunu arttırır. İlk karşı koyma, çocukla aile arasındaki mücadelenin nasıl meydana geleceğini derhal ortaya koyar.

Cinsler arasındaki mücadelenin bir başka örneğine anne ve baba ile çocuk arasında rastlıyoruz. Çocuk, kendini yetiştirecek kültürün gereklerine uymak için şekillendirilmelidir. Bu eğitim kuralları küfür, dayak ve azarlamayla uygulanmaz; bunun hammaddesi sevgiyle yoğrulmalıdır. Çocuğun yolunu açacak böyle davranışlar, istek ve arzuları da frenleyip onu doğru yola getirebilir. İçten ve dıştan gelen uyum, zorla kazanılmış alışkanlıkları zorlar. Gerçek eğitim, hayatın devamını sağlamak için başvurulan manzumeler bütünüdür. Bilinçsiz bir boyun eğmenin, kölelik olarak sonuçlanacağı unutulmamalıdır. İnsanın içinden doğan ve gerekli olduğuna inanılan boyun eğiş ve razı olma durumu, fikri ve vicdanı hür insanlar ortaya çıkarır. Bizim de, içten gelen kabullenmeyle kendini tanımlayabilen insanlara çok ihtiyacımız var.

Dr. Wilhelm Stekel

Sekizinci Mektup

Sevgili kardeşim,

Bir insanın geçmişiyle ilgili hatıralarının ne kadarını hatırlayabildiğini soruyorsunuz. Hayatımızın ilk iki yılında yaşadıklarımızı unutup unutmadığımızı öğrenmek istiyorsunuz. Bu zamana kadar edindiğimiz bilgilere göre, ilk izlenimler kesinlikle insan hafızasında bir iz bırakır. Eğer böyle olmasaydı, bugün kocaman bir adam olduğu halde hâlâ parmağını emen veya tırnaklarını kemiren insanların varlığından söz edebilir miydik? Örneğin, bir kadın kendini güzel ve şirin gösterebilmek için alnını kırıştırıyor, dudaklarını büzüyor ve bir çocuk gibi peltek bir dille konuşuyor.

Ben, iki yaşındaki anılarını hatırlayabilen bir insanım. Bazı dostlarımız, henüz 5-10 yaşındaki anıları hakkında bile yeterince konuşamazlar.

Eski dönemlerdeki insanlardan bazıları bir yaşında iken hafızalarına kaydettiklerini daha dün gibi hatırlarlar. Buraya, Lev Tosltoy'un "İlk Çocukluk" adlı eserinden bir bölümü almak istiyorum. Konuyla ilgili olması bakımından çok dikkat çekici:

"Bunlar benim ilk anılarımdır. Fakat hangisinin daha önce, hangisinin daha sonra yaşandığını bilmediğim için sıralama yapmam söz konusu değil. Birçoğu rüya da olabilir. Örneğin, şu hatıralarıma bir bakın: Sımsıkı bağlıyım. Ellerimi oynatmak istiyorum ancak bunda başarılı olamıyorum. Ağlıyorum, yüksek sesle haykırıyorum. Bu bağırmalarım bana bile sıkıntı veriyor. Fakat bir türlü kendimi tutamıyorum ve bu arada birisinin üzerime eğildiğini görüyorum. Tam olarak anımsayamadığım için üzerime eğilenin kim olduğunu söyleyemem. Fakat küçük bir ayrıntı olarak, üzerime eğilen insanların iki kişi olduğunu görüyorum. Ağlamalarım ve bağırmalarım onları etkiliyordu. Bütün mücadeleme rağmen ellerimi çözmek istemiyorlardı. Bunu gördükçe daha çok bağırmaya başlıyordum. Sonradan düşünüyordum ki, böyle kalmamı onlar istiyorlardı. Fakat bu durum, benim hiç hoşuma gitmiyordu, ben böyle bir şeyi hak etmemiştim. Çıkardığım gürültülerle durumu herkese duyurmak istiyordum ama başaramıyordum. Beni seven insanların haksızlıklarını değil, şansımın yaver gitmediğini hissediyordum. Niçin bağlanmıştım, bunu bilmiyordum ancak, bilmeme de imkan yoktu. Daha bir meme çocuğu iken beni kundaklıyorlar, sonra ellerimi çözüyorlar. Acaba, kundağın kenarındaki dantellere zarar vermeyeyim diye mi beni böyle sıkı sıkıya sarıyorlardı? Bütün bunların bir rüyada geçmiş olabileceğini, hatırımda anı olarak yerini koruduğunu da düşünmüyor değilim. Her şeye rağmen hayatıma etki eden ilk gözlemlerimdi bunlar ve kesinlikle unutamıyordum. Ben bağımsız olmak istiyordum, bunun için ağlıyor, bağırıyor ve haykırıyordum ancak, beni izleyenler karşısında çok zayıftım, halbuki onlar çok kuvvetli idi."

Bu anılara, büyük bir romancı geçmişiyle ilgili mücadele sistemi gözüyle bakmak gerekir. Daha ilk yaşlarında hayatla giriştiği mücadelenin bir özüdür bu. Onun, haksızlığa ve zulme karşı mücadelesini, hayatın zincirlerinden ve acımasız isteklerinden kurtulmak konusundaki becereksizliğini çok başarılı bir biçimde tarif ediyor. Ölümünden önce, iç bağımsızlığını elde edebilmek için son mücadelesini verdi; ailesinden kaçtı. Çünkü ailesi ona göre çok kuvvetli idi ve o bu durum karşısında acizdi ve zayıftı.

Bütün bu örneklerin anılar denizinde birkaç kırık not olarak kabul edilmesi gerektiği üzerinde durulabilir ancak, ben, bu zamana kadar buna yakın birçok öykü dinledim. Şuna inanıyorum, gelişmesini çok önceden tamamlamış çocuklar vardır. Tolstoy da bu trajediyi yaşayan çocuklar arasında değerlendirilebilir. O, çocuk trajedisini gösteriyor; yani kendinin acizliğini, ötekilerin ise kuvvetini...

Çocuk aklında neler olup bittiğinin tam farkında değiliz. Kendimize ait çocukluk hatıralarını bile unutuyoruz. Freud'un "Verdrangung" adıyla tarif ettiği bu durum, aslında bir hastalık değildir. Bu durum, belki ruhsal yanımızın kendimizi koruma dürtüsüdür. Kötü hatıralar elbette unutulmalı, çünkü hayat, bu tür hatıraları hatırlamakla daha da çekilmez bir hal alır. Yaşadığımız hayat, çekilmez olan herşeyi unutmayı gerektirir. Fakat bu hatırlamalar bir hastalık halini almışsa, bir psikologla görüşmekte ve durumun çözümlenmesi için yardım istenmesinde yarar vardır.

Çocuklarla ilgili ruhsal tahlillerin kökeni küçük Hans'ın öyküsüyle başlar. Henüz beş yaşında olmasına rağmen çok zeki bir çocuk izlenimi veren Hans, çevresindekileri de şaşırtan birtakım korku belirtileri gösteriyordu. Anne ve babası, tıbbın gereklerine inanan iki insan olduğu için, çocuklarındaki bu değişim ve korkunun gerekçesini araştırmaya başlamışlardı. Çocuğu Freud'a götürmüşlerdi. Hans, atlardan çok korkuyordu. Daha zamanı gelmemiş olmasına rağmen birtakım cinsel ilgileri gözleniyordu. Babasına karşı dostlukla düşmanlık arasında değişen ruh halleri takınıyordu. Bu hastalığın öyküsünü anlatan Freud, eseriyle oldukça ses getirmişti. Birkaç yıl önce, birgün Freud'u bir genç ziyaret etmiş ve kendini "Küçük Hans" olarak tanıtmıştı. Hans, o güne kadar kendisinden saklanan hikayesini Freud'un kitabından okuduğunu söylüyordu. İşin daha da ilginç tarafı, büyümüş ve kocaman bir adam olarak Freud'un karşısına gelen "Büyük Hans", aslında kendisinin başından geçen "Küçük Hans"ın öyküsünü hatırlayamıyordu. Aklında sadece birkaç küçük hatıra kırıntısından başka bir şey kalmamıştı.

Bugünkü psikologların ne kadar zor bir görevin üstesinden gelmeye çalıştıklarını bilmem anlatmaya gerek var mı?

Birgün muayenehaneme yirmi yaşlarında bir genç gelmişti. Ağır bir Obsession hastalığı (mutsuzluk, neşelenememe, bazı korkunç düşüncelerle herşeyi korkunç görme) geçiren genç, dayanamadığı bir sıkıntının girdabına girmiş olarak çıkmıştı karşıma. Hayata küsmüştü adeta. Onu çok samimi bir doktor arkadaşıma teslim ettim. Annesini daha önce tedavi ettiğim için bütün bildiklerimi dostuma anlattım. Analiz kurallarına göre, ruhsal bozukluğu olan birisine, geçmişiyle ilgili anılarını başkalarının anlatmaması gerekir. Eğer bunun tam tersi yapılırsa, tedavi sırasında bazı bilgiler eksik kalabilir. Hastanın geçmişiyle ilgili bütün ayrıntıları kendisinin hatırlaması gerekir. Acaba bu genç bizim bildiğimiz şeyleri anlatacak mıydı? Heyecanla bekliyorduk ancak o, on yaşından önceki hiçbir ayrıntıyı hatırlayamadığını söylüyordu.

Şüpheye düşmüştük, acaba hasta, bazı şeyleri hatırlamak istemediği için mi yoksa, unuttuğu için mi bize bilgi vermiyordu? Buna karar veremedim. Genç adam, kötü anıları ortaya koymak istemeyen bir tavırla çekingen ve sıkıntılı bir halde idi. Onun, yaşadığı çocukluğuyla ilgili hatıralarını ayrıntılarıyla birlikte anlatma tarzından belli oluyordu. Biz, onun hakkındaki kesin kararımızı tamamlamadan o, birkaç seans sonra tedaviye gelmemeye başladı ve bir süre sonra da onu hiç görmedik.

Örnekten de anlaşılacağı üzere, biz, yirmi yıl önceki tecrübelerimizden gerektiğinde yararlanıyor ve eğitim hatalarının sonuçlarını böyle yirmi sene evvel tedavi ettiğimiz hastalarımızın çocuklarında da görebiliyoruz.

Yazdığım her şey, masa başında değil, bizzat, yaşanarak ve denenerek ortaya konulmuş çalışmaların sonucudur. Bütün bu bilgileri, annelerin aynı hatalara düşmemesi için veriyorum.

Çocuklar hastalandığında, onlara karşı nasıl davranmanız gerektiğini soruyorsunuz. Çocuğunuzun, başka biri yüzünden hasta olduğunu söylüyorlar. Parkta oynarken, hasta olan bir çocuğun mikrobu sizin çocuğunuza bulaşmış. Acı acı öksüren çocuğunuz içinizi parçalıyor. Babası ve siz, çeşitli hediyelerle onun hastalığını hafifletmeye çalıştınız ve onu gereğinden fazla şımarttınız.

Hastalıkları sırasında çocukları şımartmanın ne kadar büyük bir hata olduğunu söylememe gerek yok. Böyle alıştırılan çocuklar için hasta olmak, artık bir eğlence halini alır. Akıllı olan çocuklar anne ve babalarını korkutmak için sık sık hastalanma numarası da yaparlar. Bu davranışlarına büyüdüklerinde de devam eden çocuklar vardır. "Hasta olma isteği"yle kendini hasta olarak sunan çocuklar, doktorluk olmuşlar demektir. Bu yüzden, gerçekten hastalığa yakalanmış olan çocuklara iyi bakmak ve doktorun önereceği şekilde davranmak gerekir. Böyle durumlarda, sonradan çocuğunuz ve kendinizin aleyhine dönecek davranış şekillerinden kaçınmalısınız.

Ben, çocukken hiç şımartılmadım. Bir ara ağır bir difteriye yakalanmıştım. O günlerde annem başımdan bir an olsun ayrılmamış, babam da her fırsatta alnıma öpücükler kondurmuş ve saçımı okşamıştı. Bir süre sonra iyileşip ayağa kalktım ve hayatın o çekilmez tatsızlığına döndüm. Hastalığın hemen ardından, müthiş bir sinir hastası olmuştum. Zaman zaman kızar, odada ne varsa kırıp dökerdim. Doktor, difteri zehirlerinin beynimi sarmış olduğunu söyleyerek, beyinsel bir rahatsızlık yaşadığımı söylemişti. Sinirliliğimin gerçek sebebi ise, bilinen şeydi; artık eskisi gibi şımartılmıyordum ve babam saçlarımı okşamıyordu. Hediyelerin arkası da kesilmişti. Hastalık döneminde, resimli kitaplarla vakit geçiriyor, küçük hikayeler okuyordum, kimse benden ders çalışmamı veya ciddi bir uğraşla vaktimi geçirmemi istemiyordu. Bana sıkıntı veren ciddi işlere geri dönmüş olmak beni huzursuz etmeye başlamıştı. Bütün iç dengem altüst olmuştu. Annem beni eski halime getirebilmek için çeşitli cezalar vermişti ve bunlar arasında en ağır olanı ise oda hapsiydi. Fakat şirretliğim üstümde olduğu için buna imkan tanımadım, öyle bir bağırmıştım ki, anında dışarı çıkardılar. Sesimi komşular bile duymuş, anneme kızmışlardı.

Annelerin en klasik cezalandırma yöntemi, odaya hapsetmedir. Ne zaman uslu olunacağına dair söz verilirse ceza biter. Bu ceza şeklinin, tehlikeli ve gereksiz olduğunu belirtmeliyim. Bu tür bir ceza, çocuğun ileriki hayatında kapalı ve küçük yerlerden korkma hastalığına bir girizgah olabilir. Çocukları, af dilemeye zorlayarak bağışlamaya da karşıyım ben. Çocuklardan af dilemelerini beklemek, onlara kendi haksızlıklarını hatırlatmak demektir. Gerçekte, çocukların kendi hatalarını görmesi mümkün olmayabilir. Çünkü çocuk, hak ve haksızlık gibi iki zıt konuyu kendi kişisel görüşleri dahilinde değerlendirir.

Bugünlerde İngilizce olarak yayımlanmış olan bir kitap, bütün dünyanın ilgisini çekiyor. Kitabın adı "Düşmanımız Çocuk!" Kitabın yazarı hanım, benim, son mektubumda ele aldığım çocukla ailenin mücadelesi konusuna da değiniyor. Fikirleri biraz abartılı olsa da çocuğu ailesine karşı saygısız yapacak davranış bozukluklarının giderilmesi konusunda hemfikiriz. Niçin sürekli ceza yöntemiyle bir eğitim sistemi kurmaya çalışıyoruz, bunu anlayabilmiş değilim. Ben, kendi çocuklarımı hiçbir zaman cezalandırmadım, bununla da gurur duyuyorum. Uyguladığım eğitim yönteminin yüzde yüz başarısından söz edebilirim. Şu gerçeği er geç kabul etmek zorundayız: Ceza, bir haksızlıktır. Kendini bilen biri, başkasını cezalandırma yetkisini kendisinde görebilir mi? Çocuğunu cezalandıran anne ve babalar aslında kendilerini cezalandırmış olurlar.

Tolstoy'un kendi kendini anlattığı anılarını yeniden hatırlayınız. Çocuk, kendi kuvvetsizliğinin farkında olduğu için ailesine sürekli bir hiddetle karşılık veriyor. Eğer çocuk, bu duygusunu içine atıp bir kenara büzülüp oturursa, durum daha da acıdır. Bu örneklerden yola çıkarak elde edeceğimiz eğitim kuralı şu olabilir: Eğitimci, çocukta zayıflık ve güçsüzlük, duygusu uyandıracak her türlü davranıştan kendini kurtarmak zorundadır.

Şiddet, sürekli karşı şiddeti meydana getirir. Biz, bu doğrultuda kendi isteğimizle yanlış yola girip, kendi kuvvetlerimizi görmezden geliyoruz. Zor kullanmayı ve cezayı kaldırmak, eğitimin en önemli iki konusudur. Bu ideale, her zaman ulaşmak mümkün olmuyor. Fakat şu soruya vereceğimiz cevap,. bize makul ve anlaşılır kapıları aralamada yardımcı olabilir: Verilen cezalar, bugüne kadar kaç insanı, ne şekilde doğru yola getirmiştir? Hapishanelerde ömürlerini geçirmiş olan kaç insan, dosdoğru ve ideal birer insan olarak dışarı çıkabiliyor?

Ceza, çocuk eğitiminin içine girmez, sadece onu inatçı bir insan yapar. Elimizde ceza gibi bir yaptırım olmadan bu eğitim işini nasıl başaracağız? "Her şeyi anlamak, her şeyi affetmek demektir." diye güzel bir söz var. Önce çocuğu anlamaya çalışmalıyız. Ben de size, bu konuda elimden geldiğince yardımcı olacağım.

Dr. Wilhelm Stekel

Dokuzuncu Mektup

Sevgili kardeşim,

Tekrar anne olacaksınız! Karnınızda ikinci çocuğun kıpırdanmalarını duyumsarken, ilk çocuğunuzun eğitimini tamamlayıp tamamlamadığınızı bilmiyorsunuz. Bu çok zor bir durumdur, eminim. Siz de bütün annelerin yaptığı gibi, daha birkaç yaşına gelmiş olan çocuğunuza, "Doğacak kardeşin erkek mi olsun, yoksa kız mı?" diye soruyorsunuz. Sorunuza tatmin edici bir cevap alamıyorsunuz ve çoğunda da bazı uyarıcı sözler duyuyorsunuz: "Eğer uslu olursa, yaramazlık yapmazsa..." Çocuğunuzun, küçük ayı oyuncağını gösterip, "İşte benim kardeşim." dediğini duymak sizi üzüyor; çünkü çocuğunuz ayı oyuncağının bir insan olmadığını bir türlü anlamak istemiyor.

Çocuklar için her şey canlıdır, bu sebeple, canlı veya cansız her nesne onlar için büyük anlamlar taşır. Oyuncakları, ağaçlar, çiçekler, duvar, taş yani herşey, çocuk dimağında canlı varlıklardır. Taş hisseder, çiçek ölür, hayvanlar konuşur, güneş ve akan sular gibi bulutlar da onlara göre canlıdır. Bu düşünce, bilinç yaşına kadar devam eder. Onlara göre ölmek, bir yerlere gitmek, uzaklaşmak demektir. Çünkü ölen kimse, sadece görünmemektedir, birgün çıkıp gelebilir. Çocuk, ölen kişiyi rüyasında veya hayalinde canlı olarak yaşatabilir.

Böyle olunca, çocuklara göre oyuncaklar gerçek kardeş gibidirler. Bu tür oyuncağı olmayan bir çocuk, kardeşlerini bizzat kendisi yaratır, uydurur ve onlarla oynamaya çalışır. Bu kardeş, çoğu zaman bir yastık veya minder olabilir. Küçük bir kız çocuğu tanırım, bu çocuk bütün gün akşama kadar uydurma kardeşleriyle konuşurdu. Bir gün ağlayarak annesinin yanına koştu. Çocuğu teselli etmeye çalışan annesi ağlamasının sebebini sorduğunda, aldığı cevap şaşırtıcıydı:

"Anne, kardeşim Berti öldü!..."

Annesi, sinirleri fena halde bozulan çocuğu güçlükle yatıştırabilmişti.

Dudaklarınızdaki şu soruyu okuyorum: "Madi, küçük kardeşini neden öldürtüyor?"

Birkaç yıl önce tasarladığım "iki kutupluluk" kanunlarından size bahsetmemiştim sanırım. Bleuler, bu olaya "Ambivalenz" ismini vermiştir. İnsanın bütün heyecanları diğer ağırlıklı duygularına göre farklılık gösterir. Sevgi nefretle, kıskançlık takdirle, rezillik faziletle, etki tepkiyle yan yanadır. Bu çift karşıtlıklar, doğanın bütün dengesini koruyan temel direklerdir. Örneğin, elektrikte de cereyan bir eksi bir artı kutupla oluşur. İnsan kalbinin yükseklik ve alçaklıkları da bu şekilde tanımlanabilir.

Çoğu insan, çok sevdiği insana karşı beslediği nefret derecesinin farkında bile olmayabilir. Bütün dünyanın sevgi temeli üzerine kurulmuş olmasını isteriz. Kendi kendimize, idealize ettiğimiz insan tiplerimiz vardır ve onlar mutlak doğruları simgeleştirirler. Fakat iyi ve kötü, yükseklik ve alçaklık, sevgi ve nefret duygularının bütün insan bünyelerinde atbaşı koşturduğunu unutuyoruz. Nefretin, insanda ilk ve asıl olduğunu belirtmeliyim. Freud'un itiraz ettiği bu düşünceyi ben yıllar önce kabul etmiştim. Bugün, onun da benim gibi düşünmüş olmasına seviniyorum. Freud da eserlerinde, altruist duygular altında gizlenen gerçek bir nefretten bahseder.

Çocuğun doğuştan kindar olduğunu daha önceki bölümlerde belirtmiştim. Çocuk, çevresindeki şeylerle ilgileniyor gibi görünse de yalnızca kendisini sever. Ona sevgiyi öğretmek gerekir. Çocuk etrafında onu eğlendiren insanlara karşı beslediği sevgiyi herkese karşı kullanmaz. Dikkat ederseniz, çocuklar ilk önce "hayır" kelimesini veya o anlama gelen bir baş işaretini öğrenirler; çünkü onların literatüründe "evet" kelimesi henüz şekillenmemiştir. Çocuğunuzun, sizi emerken meme başınızı ısırdığını veya tırmaladığını siz söylemiştiniz, yanılmıyorsam. Bu acı vermenin doğal bir sonuç olduğunu düşünmüyorsunuz umarım. Şunu kesinlikle bilmelisiniz, ruhsal dünyada tesadüf diye bir şey söz konusu değildir.

Madi'nin, uydurma kardeşini niçin öldürttüğünü, çocuğunuza bir rakibin geleceğini sevilinilecek bir olay şeklinde söylediğinizde, sorduğunuz sorulara neden kaçamak cevaplar verdiğini şimdi anlamış olmalısınız. "Rakip" kelimesini bilinçli olarak kullanıyorum çünkü, doğacak yeni bir bebeğin çocuğun ruh dünyasına yeni bir rakip olarak yansıdığını biliyorum. Her çocuk kendi çapında bencildir. Çevresindeki bütün ilgilerin dönüp dolaşıp kendi yörüngesinde toplanmasını ister.

Aileye yeni üyelerin gelmesi, sevgi paylaşımına sebep olacağı için çocuklar bunu kesinlikle istemezler. Bu, çocuğun yaradılışında vardır. Bu düşmanca tavır evde uzun süre kalacak akraba ve misafirlere de aynı şekilde yansır. Çocuğun, ne kadar hassas yaradılışlı olduğunu bilmelisiniz.

Şikago'da bir aile beni evine davet etmişti. Evde, herkesi etkisi altına almış yaramaz bir çocuk vardı. Aile, sürekli benimle meşgul oldu. Bir ara çocuğu bana getirdiler. Ben, ciddi bir konu üzerinde görüşlerimi ortaya koyarken onu farketmemiştim. Bir hafta sonra aynı evde yeniden misafir edildim.

O akşam çocuğun huysuzlandığını hissetmekte gecikmedim. Ailedeki herkes onu avutmaya çalıştı ama bunda başarılı olunamadı. Yemeğin bütün neşesi kaçtığı için herkes mutsuz olmuştu.

Çocuğun huysuzluğunun nedenini anlamakta gecikmedim. Onu birkaç dakika içinde yatıştıracağımı söyledim ve izin istedim. Çocukla sıcak bir diyalog başlattım ve ona farklı ve güzel şeylerden bahsetmeye başladım. Yanıma çağırarak, boş duran sandalyeye oturmasını istedim. Uslu uslu söylediklerimi yaptı. Bütün dikkatiyle bana bakıyor ve sorduğum her şeye titizlikle cevap yetiştirmeye çalışıyordu. Biraz sonra, çocuk o kadar etkilenmiş görünüyordu ki, benimle daha sonra görüşmek istediğini bile söyledi. Hiçbir ayrıcalık göstermeden benden istediği randevuyu ona sağladım, buna çok sevindi. Kararlaştırdığımız zamanda yanımdaydı artık.

Çocuk, o akşam bütün dikkatleri kendi üzerine çekmek istiyordu. Ben de bir tatsızlık olmaması için durumu idare etmek gereği duldum. Ortalık sakinleştikten sonra, anne ve babasına bu yanlış eğitim hakkında uzun bir de konferans vermekten kendimi alamadım.

Çocuğunuzun, yeni doğacak kardeşine bir rakip gözüyle bakmasının önüne geçemeyeceğinizi belirtmek isterim. Bazı çocuklar tepkilerini açık olarak ortaya dökerler. Araştırmacılar, yaptıkları anketlerde, çocuklara, yeni bir kardeşleri olduğu takdirde ne yapacaklarını sormuşlar. Alınan cevaplardan birkaçı şöyle:

"Onu pencereden aşağıya atarım!", "Onu öldürürüm!", "Onu keserim!", "Bizim erkek kardeşe ihtiyacımız yok!", "Cehennem'in dibine gitsin!"

Hâlâ bu konuda farklı mı düşünüyorsunuz? Bir yeni doğan çocukla, evin gediklisi haline gelen, bilinci yavaş yavaş yerleşmeye başlayan çocuk arasındaki yakınlaşma-uzaklaşma tepkilerini yakından takip edin. Benim, iyi kalpli olduğunu bildiğim kızım bile, yeni bebeği gördüğünde şunları söylemişti: "Baba, benim yorganımı almış." Bir süre sonra fikrini değiştirip, "Yorganımı ona hediye ediyorum." diyerek gelmişti yanıma. Başka çocukların tepkisi daha farklı oluyor şüphesiz; "Ondan nefret ediyorum. Çabuk, evi terket! Çok kokuyor! Onu istemiyorum..."

Çocuklar, yeni doğacak bebek için sevinmeye hazırlanabilirler. Böylece çocuklarda, yeni bir oyun arkadaşı geleceği düşüncesi ağır basar. Sekiz çocuk annesi olan akıllı bir kadın tanıyorum. Her doğum sırasında, sanki yeni gelecek bebek getiriyormuş gibi, diğer çocuklarını hediyeye boğar ve böylece, onların kardeşlerine düşman olmalarının önüne geçmiş olurdu. Bu, iyi bir davranış özelliğidir. Çünkü her çocuk, aileye yeni gelecek bireyin kendisinden bir şey alacağını zanneder ve ona zarar vermek için fırsat kollar.

Çocukların kıskançlıklarının önüne geçmenin yolları hakkında daha sonraki mektuplarımda yeterince bilgi vermeyi düşünüyorum. Şimdi yeni bir bebeğin dünyaya gelme sırası, bütün ilgi ve bilgilerimizi ona kanalize etmemiz gerekiyor. Konuyla ilgili önemli bir sorun daha bulunuyor: Eğer çocuğum, dünyaya yeni gelen bebeğin nasıl hayat bulduğunu sorarsa ona ne cevap vereceğim? Çocuğu gökten alıp getiren leylek öyküsünün ne kadar gülünç olduğunu hatırlatmamıza gerek yok sanırım. Peki bu konuda çocuğunuza ne söyleyeceksiniz? Benim size önerim, bütün gerçeği ona söyleyebilme cesareti göstermenizdir. Yani, bebeğin sizin karnınızda büyüdüğünü, sizin kanınızla beslendiğini ve sonunda vücudunuzdan çıktığını anlatmak zorundasınız.

Çocukların, büyüklere göre daha ayırt edici dikkatleri olduğunu kabul etmelisiniz. Sizin vücudunuzdaki değişikliğin farkında olduklarını unutmayın.

Daha önce portakal öyküsünde anlatılan küçük Paul'ü tekrar hatırlamanızı istiyorum. Paul, annesinin kucağında oturuyordu. Bir ara annesine, "Anneciğim, bu kocaman karnınla beni niçin sürekli dürtüyorsun?" diye sordu.

Küçük Edi de, bir gün annesine şu soruyu sordu: "Ne kadar garip bir vücudun var anne?!" Annesi şaşırarak, "Niçin garip olsun kızım?" diye karşılık verdi. Kızın cevabı düşündürücü: "Şu karnına baksana!"

Çocukların, doğum olaylarına ilişkin kendi dünyalarında geliştirdikleri birtakım düşünceleri vardır. Yine küçük Edi'ye ait olan şu öyküye dikkatinizi çekmek istiyorum:

"Hasta bir kadın varmış, babacığım. Onu görmelisin. Karnına küçücük delikten bir şey girmiş. Tam karnının şurasında küçük bir top var. Sonra bu top onun karnında erimiş. Bu topun, o yatarken karnına girdiği söyleniyor. Top yastığın üstündeymiş ve karnına girmiş..."

Küçük Paul ise daha meraklı. Öğrenmek istediğini evin hizmetçisine sorma cesaretini buluyor kendinde:

"Anna, bebekler nasıl dünyaya geliyor?"

"Allah tarafından Paul."

"Allah'ın, çocuk yapabilmesi için bazı aletleri olması gerekmez mi?"

"Bunu büyüdüğün zaman öğrenebilirsin. Şimdi bu tür şeylerle kafanı doldurma sen."

"Ben o kadar bekleyemem. Kendim öğrenirim."

Çocuğunuza, gerçeği söylememeniz için hiçbir sebep görmüyorum. Kendi kendine veya başka kimselerden doğma gerçeğini öğrenirse daha yanlış yollara yönelebilir. Çocuğunuz, ondan sakladığınız bilgileri başka kaynaklardan öğrenirse sizin hakkınızda hayal kırıklığına uğrar ve onun gözünde yalancı olup çıkarsınız. Çocuk, ona yalan söylediğiniz için sizi affetmeyebilir ve size yalanla karşılık verir. Çocukların güvenini kazanmak, ileride doğacak problemlerin arkadaşça çözümlenmesine yardımcı olacaktır. Bir anne ve baba için bundan daha büyük bir gurur olamaz herhalde. Çocuklarınızla aranızdaki ilişkilerin temelini küçük yaşlardan itibaren sağlam kurallar üzerine atmalısınız. Dünyanın birçok bilinmeyenini ortaya koyan insanlık için doğum niçin hâlâ bir sır olarak saklanır ki? Bu konular üzerinde doğru yolu, sağlıklı çözümü bulabilmek için sizin dirayetli ve kararlı olmanız birçok problemin hallini de kolaylaştıracaktır. Çocuğunuzla ne kadar doğal bir atmosferde, kuşatıcı ve kolaylaştırıcı bir bağlamda konuşursanız, gerçekleri o kadar erken kavratmış olursunuz.

Fakat genel yargılara ve örneklere bakıldığında, anne ve babalar çocukları birçok gerçeği öğrendikten sonra bazı gerçekleri anlatmaya çalışırlar ve bunda da başarılı olamazlar.

Doğadaki hiçbir şey kirli değildir. Onu kirli, çirkin ve itici yapan şey biziz. Doğadan ne kadar uzaklaşırsak, tehlikelere de o kadar yaklaşmış oluruz. Hastalıkların, tabiatın kendisine karşı yapılmış zorlamalara cevabı olduğunu unutmayın.

Dr. Wilhelm Stekel

Onuncu Mektup

Sevgili kardeşim,

Elinize geçen yeni bir kitaptan yola çıkarak benden bazı şeyleri öğrenmek istiyorsunuz. Bazı bilgilerin telkinle, öğüt verici örneklerle anlatıldığı bu kitaptaki konular üzerinde duruyorsunuz. Telkinin iki şekli vardır; biri uyurken, diğeri de uyanıkken yapılan telkindir.

Eğitim ve telkinin ne anlama geldiğini de merak ediyorsunuz ve birbirlerini ne kadar karşıladığını soruyorsunuz.

Telkin, bir düşüncenin başka birine aşılanması ve onun ilgi alanına çekilmesi olarak tanımlanabilir. Bu düşüncenin, muhatabın yüreğine ve beynine işlemesi gerekir. Şunu belirtmekte yarar görüyorum, telkin edici sözlerin çoğu ipe sapa gelmez, boş şeyler de olabilir. Fakat bu sözlerin birçoğu, insan fıtratına seslendiği için kulağa hoş gelebilir ve cazip tesirler bırakabilir. Heyecanlı sözlerle öğrencilerini coşturan, onları bir ideal etrafında birleştiren ve özetle belli bir noktaya kilitleyen öğretmenlerin başarıları inkar edilemez. Telkinin bu tür sözlerden daha farklı olduğunu belirtmeliyim. Bugünkü anlamda telkin; hipnoz, psikoanaliz gibi kavramlarla birlikte anılmaya başlandı. Psikoloji ile pedagoji moda akımlar halini aldı ve bugün birçok büyük kuruluş çalışanlarını psikolojik sınavdan geçirmeye başladı. Grafologlar, insan yazısını okumaya başladı, rüya tabirleriyle film çekiliyor, psikoanaliz ise salon eğlencelerine dönüştü.

Artık, hayatın her alanında kendini hissetirmeye başlayan sosyal bir hâdise karşısındayız. Kuvvete özlem ve bizi zorla etkisi altına alan kuvvetli bir şahsiyetin gür sesi doktorlukta da, siyasî hayatta da kısacası her yerde kendini gösteriyor. Eğer, başka bir zaman eczacılar çıkıp da, "Doktora gerek yok, şifa bulacağına inan ve kendi kendine telkin yap!" deselerdi, onları büyücü veya sihirbaz olarak görürdük.

Bugün, üfürükçülükle ne kadar alay ediyorsak, gün gelecek, bizim yaptığımız telkin savunmaları ile de alay edilecektir. Fakat, üfürükçülüğün telkinden daha fazla etkili olduğunu söyleyenlerimiz de bulunuyor. Gelecek yüzyılda, bir salona toplanan insanların hep bir ağızdan, "Biz iyiyiz, her gün daha iyi olacağız!" diye bağırdıklarını okuyanları düşünüyorum da, bizim bugünkü halimize hangi gözle bakarlar acaba diyorum.

Bütün bunları sosyal bir yara olarak görmeliyiz. İnsanlar, bazı şeylerin iyileşmesini kendi imkanları ile gerçekleştirme yolunu denemeden önce, başkalarına yöneliyorlar. Bir başkasının ve özellikle kuvvetli bir otoritenin sorunları çözmesini bekliyorlar. Teslim olma ve kendi kendine yetememe yönümüzün ne kadar geliştiğini görüyoruz. Ben bu olayı şu şekilde açıklıyorum: İnsanlar, başkalarının egemenliğini altına girdiğinde, baş olma kavgası bir grup tavrı olarak ortaya çıkıyor. Yönetme isteği, bireylere olduğu gibi, küçük topluluklara ve hatta milletlere bile bulaşmış olabilir. Bütünün taşıdığı bu birleşik istek, bireylerin topluma, karşı duruşunu sağlıyor. Günümüzde, diktatörlerin ortaya çıkışının altında bu avclik yatmaktadır.

Kuşkusuz, bütün insanlık tarihinde mutlaka bir efendi-köle ikilemi vardı. Fakat bu iki unsur arasındaki ilişki bu kadar kötü ve anlaşılmayacak kadar farklı değildi. Bugünkü kölen anlayışında, efendi aranıyor ve adeta onun karşısında eğililerek uşaklık kabul ediliyor.

Bu durum, doktorla hastası arasında da aynı şekilde ortaya çıkıyor. Hipnoz, buna en açıklayıcı örnektir. Hipnoz karşısındaki insan, yapılan deney karşısındaki aciz bir oyuncak kadar çaresizdir. Örneğimiz, uyanıkken yapılan telkin için de geçerlidir.

Hipnozun bir tedavi yöntemi olmadığını hemen belirtmeliyim. Deneyimli doktorlar için hipnoz sadece yardımcı bir araçtır. Onlar, hipnozun mutlak bir iyileşme sağlamayacağını, sadece psikolojik bir morfin enjeksiyonu olduğunu bilirler. Bu konuda, Wagner Jaureggs'in güzel bir sözü vardır: "Hipnoz sırasında aldatılanın kim olduğu meçhuldür; doktor mu, yoksa hasta mı?"

Günümüzün sloganı, "zor" olmuştur. İnsanlar sadece sağlıklı yaşamaya, ölmeye ve başkalarının hakimiyeti altına girmeye değil, hükmetmeye de zorlanmak istiyor. Zor, birinin veya bir topluluğun emri altına girmektir. Hipnoz ve telkin, zorlanmış düşüncelerin birtakım etkiler yapmasıdır. Zayıf insanlar, hipnotize olmak için bazı insanlara giderler ve onların kendilerini zorlamasını isterler. Bu tür insanlar için bilincini kaybetmiş zavallılar demekten başka diyeceğim bir şey yok.

Uzun yıllarımı verdiğim bir araştırmadan söz etmek istiyorum: İki "ben"le yaşayan insanların durumu. Bu şekilde yaşayan insanların benliği de ikiye bölünür. Parçalardan biri, diğer tarafını düşüncesizlikle suçlar ve onun enerjisini mahvetmek için çeşitli bahaneler uydurur. Büyük savaştan sonra bu tür hastalığa tutulanların sayısı oldukça artmıştı. Sanıyorum, bunun sebebi böyle bir savaşın insanların ruhunda ve sosyal hayatında derin yaralar açması idi. Bu hastalığa tutulanların, hatalı eğitim kurallarıyla yetiştirildiğini de söylemek gerekir. Ben, bu tür hastalara, pedagoji ilminin sakatlıkları ismini takıyorum. Bu tür insanlar, kendi kendilerini yetiştirmeye çalıştılarsa da mutlak bir sonuç elde edilemedi.

Modern pedagojinin, hipnozla elele verip daha olumlu sonuçlar çıkaracağı düşünülüyor. Bu tür hastalıklar, mutsuz evlilikler sonucu ortaya çıkmış insanlarda görülüyor. Eğer, bunlar mutlu ve isabetli bir evlilik sonucu ortaya çıkmışlarsa yanlış eğitim kuralları sonucunda bu duruma gelmiş insanlardır. Bu durumda, işe ailenin terbiyesinden başlamak gerekir. Okullara gelen çocuklar arasında ruhsal olarak çökmüş olanları var ki, öğretmenlerin onları iyileştirmesi, doğru yola getirmesi mümkün olamayabiliyor.

Psikanaliz, ruhsal hastalıkların kökenini, çocukluk hatıralarında aramaya çalışır. Bu yeni anlayış, bazı noktaları görmezden gelebilir veya güncel olayları ihmal edebilir. Bununla birlikte çocuk zihnindeki gözlemleri alma yeteneğine önem vermemekle hata ettiğimizi, ilk çockluk yıllarında yaşanmış şeylerin ruhî hayat üzerinde devamlı tesirleri olduğunu psikanaliz sayesinde öğreniriz. Anne ve baba ile çocuk arasındaki ilişkinin, köle ve efendi arasındaki ilişkiye benzememesi gerekmektedir. En güzel ve isabetli eğitim kuralları, anne-babanın örnekleridir.

Baidium, aileye, çocuklar uyurken iyi şeyler telkin etmelerini salık verir. Hatta bir babanın, çocuk uyuduğunda onun başucuna gelip kulağına güzel şeyler fısıldamasını önemli görür. Bu örnek, akıllı insanlar için çocukça bir harekettir. Anne ve baba çocuklarını tanımışlarsa, onu uyanıkken de pekâlâ eğitebilirler.

Bütün eğitim yanlışlarından söz edecek olursak, bu mektubu çok uzatmış oluruz. Bu konuyla ilgili olarak benim özetle söylemeye çalıştığım şey şudur: Telkinin etkilerine gereğinden fazla önem vermek zararlıdır. O sözlerin kesinlikle yabancı şeyler olduğunu, gerçekte ise, kendi ruhunuzun sizinle birlikte yaşadığını düşünün. Yabancı kurallar, telkin yoluyla ruha yedirilemez. Yabancı fikirlerin benimsenip, ruha etki etmesi için inandırıcı ve ikna edici olması gerekir.

Eğitimin ana amacı, çocuğu düşüncesi ve kalbiyle bağımsız bir insan olarak yetiştirmektir. Bu sonuca telkin yoluyla varılamayacağı bellidir. Eğitim de telkin, çocuğun iradesini kıran dolambaçlı yoldur.

Sonuç olarak, herkesin mutlak bir otoriteye bağlanması ve kendini bir topluluğun ana artellerinden biri olarak görmesi gerekmektedir. Çocuk buna, kendi idrakiyle ulaşabilmelidir. Tek tek insanları ve içinde yaşadığı toplumu öğrenmelidir. Eğer böyle olursa, kendi çıkarlarını, toplumsal çıkarların üstünde tutmaz.

Sevgili kardeşim,

Size öngördüğüm görevin ne kadar ağır bir iş olduğunu biliyorum. Çocuğunuzu eğitirken her türlü zorlamadan kaçmanızı istiyorum. Daha çocukken, bize de söylenen, "Mecbursun, yapmalısın, bu senin görevin!" gibi söylemler, yapılması gereken küçük bir işin bile gözümüzde büyümesine sebep olabilir. Küçük Franz'ın annesine dediği şu sözler, bizim önümüzdeki engellerin güçlüğünü de özetler nitelikte: "Şimdi herşeyi anlıyorum... İyi ve keyif verici ne kadar şey varsa hepsi de yasak!"

Bana göre hayatta tek bir eğitim tarzı vardır; o da, ailenin bizzat örnek olması. Çocuk ailede ne görmüşse, gelecek yaşantısında da aynı şekilde davranacaktır.

Eğitim bu zamana kadar insanların yabancısı olduğu bazı değerlerle kendi değerleri arasında sürüp giden mücadelenin ortak adı idi. Telkin, bu yabancı değerlerin insanlara zorla aşılanmasıdır. Fakat bizim görevimiz, kişisel kıymetlere değer vererek, hangi yaş grubundan olursa olsun insanların şahsiyet duygusunu ifrata ve tefrite kaçmadan ön plana çıkarmaya çalışmaktır.

Çevremize baktığımızda mutlu insanların ne kadar azınlıkta olduğunu görüyoruz. Hepimiz, yükselmemize engel olan, iyi şeyler yapmamızın önünde duran ve bizi hayata karşı aşağılık bir duruma düşüren çeşitli suçlardan şikayetçiyiz. Bu suçların neler olduğunu da gelecek mektuplara bırakıyorum.

Bu kötü duyguları çocuklara aşılayanlar da anne ve babalardır. Aile, çocuktan mutlak itaat ister, fakat neye ve niçin itaat etmesi gerektiğini bir türlü anlatmaz. İki türlü itaat şekli vardır. Biri korkudan, diğeri sevgiden ileri gelir.

Şimdi bunca örnekten sonra ortaya çıkan anafikrimize gelelim. Çocuğa sevgiyi öğretmek ve bu sonuca ulaşmak için yine sevgiyi kullanmak...

Burada, sevginin insanı köle haline sokabileceği veya körü körüne bir itaat çemberinin kalıplarına sokacağı akla gelebilir. Fakat benim kastettiğim sevgi hem kişiyi, hem de karşısındakini bağlar, yani karşılıklıdır. Seven ve sevilen insan hem mağlup hem galip, hem esir hem de kahramandır. Bizler, sevgi dünyasından çok uzaklarda yaşıyoruz. Zor kullanma ve şiddet bu dönemin en önemli iki silahı haline geldi. Böyle bir ortamda sevgiden sözetmek elbette mümkün görünmüyor. "Kuvvetli eller"in altında ezilen beyinler, bir köle mantığıyla teslim olmuş durumda. Emir altına girme veya en azından böyle hissetme bütün bireylerin ve hatta toplumların kaderi olmuş durumda. Bu şekilde düşünen insanların kendileri hastadır ancak onlara sorarsanız, kendileri değil, başkalarıdır iyileştirilecek olanlar...

Eğer hipnoz, uyurken verilen telkinleri, uyandıktan sonra unutmak hali ise Birinci Dünya Savaşı bu konuda en iyi hipnozlardan biriydi. Çünkü insanlık uykudan uyandı. Fakat bundan alınması gereken dersi çok çabuk unuttu. Hipnotize edilmiş insanlar, nasıl ki yeni hipnozlara hasret çekerse, bizler de yeni güçlükleri davet ediyoruz dünyamıza. Nereye gidiyoruz, bu ruhsal bunalım ne zaman bitecek?.. Bütün bu sorulara cevap bulabilmek oldukça zor. Günümüzün çarkları arasında hipnoza ve telkincilere ihtiyacımız olduğunu zannediyorum. İnsanlar, kendilerini idare etmeyi öğreten liderlerin yokluğunu çekiyor günümüzde. Kendini, kendi isteğiyle sevginin kölesi yapan, nefreti yenen bir lidere çok ihtiyacımız var.

Goethe'nin şu ölümsüz sözünü unutmayalım:

"Köle, halk ve efendi, hepsi ve her zaman itiraf ederler ki, insanoğlunun en büyük mutluluğu, kişilik sahibi olduklarında başlar."

Çocuğun kişilik oluşumuna katkıda bulunur ve bu gelişmeye saygılı olursak, yeni bir şahsiyet ortaya çıkarmış oluruz. Yeni insanlığın makineleşmiş insan değil, kişilik sahibi bireyler istediğini unutmadan hareket etmeliyiz. Çocuk ruhu da tıpkı bir ağaca benzer; bir ağacın daha yükseklere boy atabilmesi için çeşitli şeylere ihtiyacı vardır. Işık, su ve güneş onun için ne kadar gerekliyse çocuklarımız da hür, mağrur ve kuvvetli bir gövdeyle yükselebilmek için ışığa ve güneşe muhtaçtırlar. Serin gölgelikler elde etmek istiyorsak, bu ağacı iyi yetiştirmemiz gerekiyor. Siz ve bütün anneler, bu fidanı koruyan, ona şekil veren ve hayatlarını iyilik üzere yönlendiren birer bakıcısınız. Zorlamadan, kırmadan dökmeden bu gelişmeyi tamamladığınız anda, çok önemli bir görevi de yerine getirmiş oluyorsunuz.

Dr. Wilhelm Stekel

Onbirinci Mektup

Sevgili kardeşim,

Şu anda ikinci çocuğun heyecanını yaşıyor, evinize yeni bir çocuğun gelmesini bekliyorsunuz. Oğlunuz, iki yaşına gelmek üzere. Çocuğunuza karşı nasıl davranacağınızı, yaşıtlarının düştüğü hatalara düşmemesi için elinizden geleni yapmaya çalışıyorsunuz. Başkalarının düştüğü hataları tekrarlamak istemiyorsunuz. Bütün bunların sadece görgüsüzlükten mi kaynaklanıyor, bu konuda bazı şeyleri bilmek istiyorsunuz. İnsanın kendi çocukluğunu unutmak, çektiği sıkıntıları hatırlamamak kadar acı verici bir şey daha olduğunu sanmıyorum. İnsanlık, çocukluk dünyasını öğreninceye kadar binlerce yıl beklemiştir. Şu sıralar, çocukla, özellikle çocuk psikolojisi ile yoğun şekilde ilgileniliyor. Çocuk, bizim için kutsal bir varlık haline gelmeye başlamıştır. Çocuklardan öğreneceğimiz çok şey var. Kitaplar, konferanslar, broşürler, romanlar, resimler, makaleler artık çocuklara ayrılabiliyor.

İnsanlığın, iki uçta olması aslında eleştirilecek bir durum. Çocuk ya tam anlamıyla ihmal ediliyor veya anlaşılmaz şekilde ciddiye alınıp, bütün ilgi onun üzerine odaklanıyor. Anne ve baba, çocuğunu nasıl ve hangi gözle görmek istiyorsa, o gözle görür. Kendi çocukluklarının ilgi ögeleri geriye atılmış, sadece ve sadece çocukları için düşünür olmuşlardır. Acıyla geçiştirilmiş olayları, neşe ile hatırlamayı kim isteyebilir ki? Fakat, binlerce yıldan bu yana tekrarlanıp giden yanlış hareket ve davranış tarzları da hâlâ terkedilmiş değildir.

Bu durum, bütün insanlığı düşünmeye yöneltmelidir. İnsanlar neden mutsuz, neden her gün sıkıntılarla işlerine gidip geliyor? Niçin insanlar insanlara, meslekler mesleklere, milletler milletlere, ırklar birbirlerine karşı savaşıp duruyor?

Bizim eğitim sistemimizde yanlışlık olduğunu kabul etmek zorundayız. İnsanlar mutlu bir hayat yaşayıp, ömrünü tamamlamak üzere dünyaya gelmiştir. Dikkat edilirse, mutlu insanların birbirleriyle mücadelesi kızgınlık temeline değil, daha çok iyiyi paylaşabilmek için oluşturulmuştur. Eğer, herşeye sahip mutlu insan varsa, kendilerinde olan bir şey için başkasını niçin kıskansın ki?

Sevgili kardeşim,

Konumuza tekrar dönelim. Bana, çocuğu getiren leylekten çocuğunuza hiç bahsetmediğinizi söylüyorsunuz. Oğlunuz, yeni bebeği, tam kalbinizin altında taşıdığınızı biliyor ve size sık sık soru soruyormuş:

"Anne, benim küçük kızkardeşim tam burada büyüyor değil mi?"

O, komşudaki küçük kız gibi bir kız çocuğu doğuracağınıza şartlanmış gibi.

Doğumu evde yapmamanızı önereceğim. Gelişen tıp dünyası öyle şeyleri gündeme getirdi ki, artık her hamile anne için doğum odaları bulunuyor. İlk çocuğu evden ayırıp, doğumdan bir süre sonra aile ortamına getirilmesinin doğru olmadığına inanıyorum. Evden uzaklıştırılması, kendi yerine bir rakibin geleceğini düşünmesi çocuk için verilebilecek en büyük cezadır. Fakat bunu çok az anne ve babanın bilmesi acıdır. Eğer, büyükanne, büyükbaba, teyze ve hala gibi çocuğun çok sevdiği bir akraba var ve o kendini burada rahat hissedebiliyorsa, bu türlü davranmakta bir sakınca olmayacağını düşünüyorum. Bu zamana kadar edindiğim deneyimler sonucunda şunu rahatlıkla söyleyebilirim; yeni bir doğum sırasında evden uzaklaştırılan bir çocuk, bu davranışlarından sonra anne ve babasını kesinlikle affetmez.

Evinize, yeni doğan bebekle döndüğünüzde her şey bambaşka olabilir. Fakat doğumu kendi evinizde yapmanın sakıncaları olmasına rağmen eğer mecbursanız, önlemlerini de başından almalısınız. Bu arada evde pek fazla insanın kalmamasına özen göstermelisiniz.

Ben pratisyen hekimken, akıl almaz eğitim hataları ile karşılaşmıştım. Çocuklar ve baba, yandaki odada, annenin çektiği acıları dinliyorlar ve çaresizlik içinde birbirlerine bakıyorlardı. Doğumu yaptıran hemşire, elindeki kanlı leğenlerle onların gözünün önünden geçiyordu. Veya son anda doktor çağırılıyordu, herkes şaşkınlıkla koşuşturmaya şahit oluyordu. Hele küçük çocukların korkusu daha büyüktü. Odada, çaresizlik içinde oturan baba ise çaresizliğe isyan ediyor, acı çeken karısının seslerini dinlemek zorunda kalıyordu. Özetle, kadınların, tıbbî malzemelerle dolu ve rahat bir ortamda doğum yapması kadar daha önemli bir şey yoktur.

Doğumun ilk anından itibaren çocuklar arasında kıskançlık oluşmasına engel olmaya çalışmalısınız.

Bu zamana kadar yaptığımız araştırmada, bu tür kıskançlıkların önüne geçilemediğini gördük. Önceleri ilk ve tek olan çocuk bütün evin dikkatini çekmeyi başarıyordu. Daha sonra, daha çok bakım yapılan ve üzerine titrenen yeni bebek dünyaya gelince ilgi bölünmesi oluyor ve evin eski çocuğunu kıskançlık sarıyordu. Hatta, onun ihtiyaçları görmezden bile gelinebiliyordu ve sürekli, "Sen artık kocaman çocuk oldun! Bak kardeşin uyuyor. Bağırma!" diyerek suçlanıyordu bile.

Size, bizzat yaşadığım bir olayı anlatmak istiyorum. Komşularımızdan birinin, dört yaşındaki kız çocuğuna bir de erkek kardeş gelmiştir. İlk önceleri çok şımartılan küçük kız, artık dayanılmaz stresler yaşamaya başlamıştı. Annesine, "Anne, ben artık yaşamak istemiyorum. Ben göklere gitmek istiyorum. Senin artık bana ihtiyacın yok. Çünkü yeni bir çocuğun oldu!" diyordu.

Küçük Edi, kardeşinin doğumundan birkaç ay sonra kendini su kuyusuna atarak ölmek bile istemişti. Sebebi araştırıldığında, küçük kardeşine karşı hissettiği kıskançlık duygusu olduğunun buna sebep ortaya çıktı.

Öyle aileler de var ki, bebek rahat etsin diye anne ve babanın yanında yatırılıyor ve o odadan dışarı çıkarılmıyordu. Yeni çocuk doğduğunda eskisi dışarı atılıyor yeni çocuk onun yerini dolduruyordu; bu da yanlış davranışlardan biridir. Böyle davranılan çocukların çok huysuz ve hatta hasta oldukları bile tesbit edilmiştir. Büyük çocuğunuzla ilgilenme noktasında dikkatli davranmanızı öneririm. Onu ihmal etmemelisiniz. Yeni bir bebek doğduğunda, onun unutulduğu duygusuna kapılmamasını sağlamalısınız. Doğum aşamasının ilk iki haftasını eğer bir doğumevinde veya hastanede geçirirseniz, işinizin daha kolay olabileceğini de belirtmek isterim.

Eski çocukların, bebeklerin temizlenmesi sırasında orada bulunmaması gerekiyor. Bütün dünyaları tek odalı bir ev olan aileler için bu durum biraz zordur ama elden geldiğince dikkat edilmesi gerekir. Çocuklar, yeni doğan bebeğin kundaklanması, altının temizlenmesi, banyo yapılmasında mutlaka dışarı çıkarılmalıdır. Gerçi çocuklar, bu tür davranışlardan zevk alırlar ancak, birçok kez, hoş olmayan sonuçlara da rastlanmıştır.

Yeni kardeş dünyaya geldiği ana kadar uslu olan, mantıklı hareketler sergileyen çocukların, rakip doğduktan sonra hırçınlaştığı, sinirli bir hal aldığı unutulmamalıdır. Uzun zamandır altına işemeyen çocukların küçük ve büyük çişlerini bile üstlerine yaptıkları görülmüştür. İnatçı, hırçın, çekilmez ve çok yaramaz olurlar. Annelerinin sadece kendileriyle ilgilenmelerini isterler. Kadıncağız ise, hangi çocukla ilgileneceği şaşırmaya başlar.

Zengin aileler, yeni doğan çocuklara dadı tutarlar ve eski çocuğu adeta görmezden gelirler. Bu davranış biçimi de sıkıntılar meydana getirebilir.

Eğitim sırasında, çocuklar arasında uçurumu ve ayırımı ortaya koyacak davranış bozukluklarından kaçınmak en önemli görevlerden olmalıdır.

Çocuk, başka bir çocuk için tehdit unsuru olmamalı, başka çocuk memnun edilecek diye dövülüp horlanmamalıdır. Ben, komşu çocuklar arasında bile böyle bir kıyaslamanın yapılmasını doğru bulmuyorum. Bu davranış, çocukta kıskançlık krizi doğurur. Bu duygu, hayatın ileriki dönemlerinde yeteneklerin gelişmesi ve kişilik oluşumunda sakıncaları da beraberinde getirebilir.

Hayatınızın en zor dönemlerini yaşadığınızı hatırlatmama gerek yok sanırım. Sizin, bütün kıskançlık unsurlarını ortadan kaldıracağınıza inanıyorum. Çocuk, kendi kendine sürekli şu soruyu sorar: "Annem ve babam en çok hangimizi seviyor?"

Çocuk, kendisiyle yeterince ilgilenilmediğini hissettiği anda, inatçılık damarları kabarır ve bu da bir felaketi beraberinde getirebilir. İlk inat belirtisi, temizlik kurallarının aksatılması sonucudur. Yatağını ıslatmak, altını kirletmekle kalmaz; kendisi için yasaklanan her şeyi yapmaya çalışır.

Bu tür davranışları ortadan kaldırmak için uğraşılmalıdır. Çocuklar arasında hiçbir ayırım olmadığını onlara ispat etmek zorundasınız. Fakat bu zamana kadar gelişen psikolojik davranışlara göre, en küçük çocuk evin en çok sevilen ve üzerine titrenen varlığıdır. Hiçbir çocuk kendisinin ihmal edilmesine karşı iyi niyetli olamaz. Hangi ev ortamında, çocuklar arasında ayırım yoksa ve çocuklar eşit sevgiyle sevilirse o evin içinde huzur vardır ve bir sıkıntı meydana gelmez.

Belki size abartılı gelebilir ancak, çocuğun kişiliğinin gelişmesinin bu dönemlerde başladığını söylemeliyim.

Çocuğunuzun, geçici göz kırpmaları yaşadığını söylüyorsunuz. Çocuk, görmemesi gereken şeyleri de görmüş olacak. Her evde, çocuğun görmemesi gereken olaylar meydana gelebilir. Bu kötü sahneler çocuğun bilinçaltına yerleşir. Çocuğun göz kırpması geçici kusurlardan biridir. Ona sürekli olarak, "Gözünü kırpma!" dememelidir. Bu davranışının bir inat halini almamasına özen gösterilmelidir. Göz kırpma sadece bebeklik yaşlarında değil, daha ileriki dönemlerde de görülebilir ve kendiliğinden geçebilir.

Başın hafifçe sallanması ve titremesi de görülen çocukluk kusurlarından biridir. Anneleri en çok tedirgin eden şeylerin başında ise, kekemelik, pelteklik gelir.

Doktorluk yaptığım yılları hatırlıyorum. O dönemlerde, çocuğu konuşmadığı için dil bağlarını koparmamı isteyen anneler geliyordu. Bu bana göre bir delilikti. Ben, bu tür kadınların isteklerinden her zaman kaçındım. Kız çocukların küçük yaşta kulaklarının delinmesini de aynı şekilde değerlendiririm.

İzin verirseniz, size bir öğüt vermek istiyorum. Herşeyi çok iyi bildiğini söyleyen mahalle kadınlarından, kendi başına tedavi yapma iddiasında olan teyzelerden kesinlikle uzak durun. Bu tür kadınlar diş ve bebek gazı konusunda usta birer doktor gibi davranırlar. Çocuğun rengi sararıp, ateşi yükseldiğinde hemen dişi çıkacaktır. Dişin damak etini yarıp büyümeye başlaması yorumu da beraberinde getirir. Bazı kadınlar da çıkmaya başlamış olan dişlerin bir an önce görünmesi için dişetlerine çeşitli bitkilerden yapılmış ilaçlar sürer. Çocuğun gaz yapması da bu tür tedavi yöntemleriyle giderilmeye çalışılır. Gaz çıkarmak için de çocuk karnına yağ sürmek, enjektör yapmak, denenen işler arasındadır. Bu tür çocuklar için hemen, "Bu çocuk büyülenmiş" denilir.

Bu konuda ne düşündüğümü de merak ediyorsunuz. Emin olun ki, bu tür batıl inançlar en gelişmiş toplum katmanlarında bile görülebilir. Bazı çocuklar öyle şartlandırılmıştır ki, kendisine herhangi bir kötülük gelmemesi için kollarına nişan takarlar. Sizin, bu tür gülünç tedavi yöntemlerine başvurmayacağınıza inanıyorum. Doktorluk yaptığım dönemlerde, bu tür yöntemlerin uzağında kalmış insanları çok az gördüm. Hangi anne, çocuğunun üzerine titremez? Bütün anneler, çocuklarını nazardan ve kötülüklerden korumak için buna benzer yöntemler uygulayabilirler.

Böyle bir şey gerçekleşmiş olsa idi, bugün dünyanın yarısı da olmazdı. Çocuğunuzu bu tür boş inanışlardan kesinlikle uzak tutmalısınız. Birçok anne gördüm, çocukları dövülmediği zaman bunun bir uğursuzluk olduğuna inanırlar, masaya veya sert bir yere tıklayarak üç kere vururlar ve kötü ruhun ortadan gideceğine inanırlar. Çocukların böyle bir ortamda yetişmiş olmaları, gelecek yaşlarına da yansır ve hayatlarında bu tür davranışları tekrarlarlar.

Bir çocuğun büyük insan gibi davranması beklenemez. Çocuk, ilk insanlar gibi animist ve mistik düşünür. Çocuk gerçeğe uymayan ancak kendi dünyasında tamamen gerçek olduğuna inandığı şeyler konusunda tutucudur. Bu tür çocuklara göre, her şey kolaydır ve hemen yapılmalıdır. Bu türlü inanış, çocukta derin bir suç duygusunun gelişmesine de sebep olabilir.

Çocuk, kardeşini karışık duygularla bekler. O, her şeye rağmen evin biricik çocuğu olarak kalacağının hesaplarını yapar. Anne ve babasının, sevgisini başkalarıyla paylaşmayı istemez. Ölümün ne olduğunu, çevresinde konuşulurken duymuştur ve gelecek olan bebeğin ölmesini ister. Eğer, böyle bir felaket gerçekleşirse, çocuk, kendi düşüncelerinin ne kadar isabetli ve güçlü olduğuna inanmaya başlar.

Henüz üç yaşına gelmiş bir çocuğun böyle bir düşünce taşıması mantıklı mı, diye soruyor olabilirsiniz.

Sevgili kardeşim,

Son yıllar içinde birçok şey öğrendik. Çocukların, taze bir çiçek kadar masum olmadığına inanmıyoruz. Çocuk eğitimi konusunda uzman olan Pestalozzi, "İnsan, iyi biri olarak doğmuştur!" der. Fakat ben, fikrimde inat ediyorum. Çocuk ne iyi, ne de kötüdür. Bu özellik, uygarlığın bize öğrettiği yeni bir anlayıştır. Onun iyi veya kötü olması tam anlamıyla bizim tavrımız ve davranışımıza bağlıdır. Çocuğun içinde hangi çekirdek filiz verirse, o, bu yönde büyür. Her şey insanın içindedir; Allah, sevgi, nefret, hayvan ve şeytan... Bütün bunların bileşkesi insanı meydana getirir.

Her çocukta ideal benlik, yaratılıştan itibaren oluşmaya başlayan "ben"in çekirdeğinden ortaya çıkar. İdeal ben'e ulaşmak için, hedeflenen her şeyi yapmak gerekir.

İyi bir eğitim kuralının amacı da budur. Bunu başarmak için, sadece telkinler yetmez. "Yapacaksın", "başaracaksın", "yapabilirsin" demekle amaçlanan sonuca ulaşılamaz.

Çocuğa, eğer sevimli biri olmak isteyip istemediği öğretilmek istenirse, doğacak kerdişini sevmesi öğretilmelidir. Ona, yaşamın en önemli unsurunun paylaşma duygusu olduğunu öğretmelisiniz.

Kardeşine kıskançlıkla yaklaşan ne kadar çok çocuk vardır şu dünyada! Kıskançlığın ne kadar çirkin bir şey olduğunu söylememe gerek yok sanırım. Anne ve baba, bütün çocuklarını eşit oranda sevemeyebilir ancak bunu çocuklarına belli etmemelidir. Bu dünyada cenneti yaşamak isteyenlere, zehirli yılanların varlığından da bahsetmek gerekir.

Eğitimciler! Kıskançlığın ilk kıpırdandığı dönemleri iyi belirlemelisiniz. Çocuklara, sevginin nefretten daha güzel bir şey olduğunu öğretmelisiniz. Onlara örnek olmalısınız. Sizler, hatırlanacak asil davranışlarınızla hayatınızı anlamlı hale getirebilirsiniz.

Dr. Wilhelm Stekel

Onikinci Mektup

Sevgili kardeşim,

Şu anda bir bulmacanın karşısında olduğunuzu biliyor musunuz? Küçük kardeşinin gelmesiyle çocuğunuzda kıskançlık belirtisi görmediğinizi belirtmiştiniz. Oğlunuz, küçük kız kardeşini çok sevecen ve candan karşılamıştı, ona karşı kıskançlık krizlerine girmemişti. Fakat henüz birkaç ay olmasına rağmen, çocuğunuzdaki değişikliğin farkına varmaya başladınız. Öylesine huysuzlaştı ki, olur olmaz şeyler için hırçınlaşıyor ve akıl almaz reaksiyonlar gösteriyor. Önemsiz şeyler için ağlıyor ve sizi anlamsız şeyler için huzursuz ediyor. Bunları yaparken, iyi niyetli olduğunu düşünmemelisiniz, kesinlikle ilgiyi kendi üzerine çekmek için böyle bir yol deniyor. Hep beraber gezintiye çıktığınız son günü hatırlatıyor, onu kucağınıza almanızı istediğini belirtiyorsunuz. Ona, büyük bir çocuk olduğunu, artık yürümesi gerektiğini hatırlattığınızda huysuzluk yaptığını anlatıyorsunuz. O bunu anlayacak durumda değil ki! Kucakta taşınmak ve küçük kardeşi gibi arabada gezdirilmek istiyordu. Daha geçen gün, bebeğin beşiğine yatmış olmasına ne dersiniz? Bugünlerde sizi en çok üzen şeylerin başında, yemek yerken yaptığı yaramazlıklar ve huysuzluklar olduğunu ifade ediyorsunuz. Yediği yemeği geri çıkarması sizi o kadar çok telaşlandırdı ki, doktora gitmeyi bile düşündünüz.

Çocuğun iyi yemek yemesine bu kadar fazla önem vermemeliydiniz. Bugün geldiği nokta sizi üzüyorsa, bunun sebebi ilginin dağılmasını görmesindendir.

Size bir kere daha açıklamak gereğini duyuyorum. Çocukların yemekte gösterdiği huzursuzluklar, her dönemde yaşanabilir. Bazı anneler gibi, çocuğun hemen ve sizin istediğiniz zamanda yemek yemesi için ısrarcı olmayınız. Bu yanlış bir davranış biçimidir. Bazı anneler vardır ki, yemek yedirebilmek için akıl almaz masallar anlatırlar ve çocuğun yemek yemesi için ağzına zorla lokmaları tıkıştırır. Başka türlü davrananlar da, ceza ve ödül yöntemini uygular.

Oğlunuz, küçük kardeşi gibi sizi emmek istediğinde çok şaşırdınız değil mi? Siz, bebeğinizi emzirirken odaya giren oğlunuz, aynı ilginin kendisine de gösterilmesini istedi. Üzülmesin, ağlamasın diye koskoca çocuklara meme veren anneleri gördüğümü belirtmeliyim. Bence bu, çok kötü bir davranış biçimidir. Emme alışkanlığını ileriki yaşlarında sürdüren çocuklar, şişeden mama yeme gibi alışkanlıklara da tekrar dönebilir.

Çeşitli baharatlar ve cazip yemek çeşitleriyle çocuğun iştahını ayaklandırmaya çalışmak da yanlıştır.

Yapacağınız tek bir şey vardır. İnat reaksiyonu ayağa kalkmış çocukla kesinlikle ilgilenmeyiniz. Ona her zamanki sevgiyi gösteriniz. Onu her zamanki gibi sevdiğinizi anlatmaya çalışınız. Sürekli olarak, "Eğer karnın açsa yemeğini ye, toksan bırak!" diyerek ilgilenmediğinize onu inandırın.

Aileye yeni bir bebek katıldığında başka inat belirtileri daha gözlemlenebilir. Doktorluğumun ilk yıllarında böyle olaylara sık rastlıyordum. Normal bilinç düzeyine gelen bir çocuk, kardeşinin dünyaya gelmesiyle yeniden deli gibi davranmaya, altını pisletmeye ve etrafa zarar vermeye çalışır. Son birkaç yıl içinde, birçok hasta bu yüzden annelerini üzmüştü. İki veya üç yaşındaki bu çocuklar, küçük kardeşinin bakımını en ince detayına kadar incelemiş, onlar eğer altını ıslatıyorsa, kendileri de yatağa işemeye başlamışlardı. Dayak bile onları bu yeni alışkanlıklarından vazgeçirmeye yetmiyordu. Sevgiyle anlatma, yetişkin olmaya dikkat çekme, görmezlikten gelme, gülüp geçme en verimli tedavi yöntemidir.

Büyük tuvaletini yapmak istemeyen çocuklar da vardır. Çok çişi geldiği halde tuvalete gitmekten kaçınan, birkaç gün tutan ve daha sonra çamaşırlarına yapan çocukların olduğunu hatırlatmalıyım.

Böyle bir durumla karşılaşırsanız, işi yine sevgiyle halletmeye çalışınız. Bu tip hatalara ve davranış bozukluklarına karşı da iyi niyetli ve sabırlı olmalısınız. Eğer ilgilenmez görünürseniz, başladığı gibi sona erip gider.

Çocukların çok kıskanç olduğunu başından beri anlatmaya çalışıyorum. Bu yüzden onları yanlız başına bırakmamaya özen gösteriniz. Araba penceresinden abisi veya ablası tarafından atılan çok bebek getirilmiştir bana.

Dört yaşına gelmiş olmasına rağmen, Paul, çocuk arabasında kendi kendine oynayan ve uyuyan kardeşini belirgin bir tavırla kıskanmaya başlamıştı. Onunla aynı odada olduğu için birbirlerine alışmışlardı. Bu iyi niyetli davranış biçimi uzun zaman devam ettiği için annesi, onu kardeşiyle bırakıp komşulara gitmeye başlamıştı. Bir gün geri döndüğünde, Paul'ün kerdişini dövdüğünü gördü. Çok kızmıştı. Pal'e bunu neden yaptığını sordu. Aldığı cevap ilginçti:

"Son zamanlarda çok sinirli olmaya başladığı için onu dövüyorum!"

Çocukları yalnız bırakmanın başka zararları da vardır. Çıplak gezmeyi ve birbirlerini elleyerek oyun oynamayı severler. Eğer bu tür davranışlara ilişki diyebiliyorsak, daha bu yaşlarda, cinsel ilgi alanları gelişmiş olur. Ben, bu zamana kadar yaptığım denemelerde, büyük çocukların cinsel meraklarını daha küçük yaştaki çocuklarda denediklerini gördüm.

Şimdiden, çocuklarını bir melek gibi gören ve üzerine toz kondurmak istemeyen annelerin bu söylediklerime kızacaklarını biliyorum ancak durum böyledir. Bu zamana kadar yaptığımız çalışmalar, bu gerçeği ortaya çıkarmıştır. Amacımız, buna dikkat çekerek, ileriki yaşlarda cinsel anlamda büyük sorunların yaşanmasının önüne geçebilmektir.

Bu gibi durumlarda, ilk çocuk kusurlarının başında, göz kırpmak, yüz buruşturmak gelir. Bunu iyileştirmenin en iyi yolu, bu kusurları görmezlikten gelmektir. Gelişmiş ve büyümüş bir çocuğun kendisini ilgi merkezi haline getirmesi, anne ve babasının dikkatini zorlaması eğilimlerini ayırması gerekir. Anne ve babayı böylesi yanlışlardan koruyacak en önemli belirti, çocuğun ruh dünyasını iyi tanımasıdır. Çocukların ilgi çekmek için başvuracağı birçok hile ve oyalama taktiği olduğunu bilmelisiniz. Yalan yere hastalandıkları veya ateşli bir rahatsızlık geçirdikleri de olabilir.

Küçük bir kardeşin doğmasının çocuk ruhunda ne gibi etkiler yaptığını, pratik bir köy doktoru olan Klaus, "Wiener Klinische Wochenschrifft" isimli kitabındaki Küçük Pepi hikayesinde çok başarılı biçimde anlatır.

Dr. Klaus, ölüm döşeğinde yatan ve 36 saat boyunca hiçbir şey yemeyen, sık aralıklarla nöbet geçiren üç yaşındaki Pepi'nin tedavisi için eve çağrılmıştı.

Dr. Klaus, araştırmaları sonucunda, iki yıl önce bir çocuğun doğduğunu ve aynı anda da evin büyük çocuğunun öldüğünü öğreniyor. Oyundan eve dönen Pepi, küçük kardeşinin dünyaya geldiğini öğreniyor. Ablası nasıl öldüyse, kendini yere atıp aynı şekilde ölmeye çalışıyor. Kendini yerlere atıyor. Doktor, eve geldiği bazı zamanlarda bütün ailenin çocuğu iyileştirmek için başında toplandığını görüyor ve şaşkınlıkla olayı çözmeye çalışıyor. Doktor, sert ve emredici bir tonla Pepi'ye bağırıyor, "Yerden çabuk kalk!" Korkudan ayağa fırlayan çocuk hemen babasına koşuyor ve bir şeyler yemek istediğini söylüyor. Hayretle doktoru izleyen aile bireyleri, ona bir kurtarıcı gözüyle bakıyorlar ve "Siz, çocuğun içindeki şeytanı çıkardınız" diyerek iltifatlar yağdırıyorlar.

Pepi, ölmemesi için ailesinin Allah'a dua ettiklerini de işitmişti. Çünkü daha önce, yeni bir çocuk doğarken, ablası ölmüştü. Şimdi, kendisinin de öleceğini zannediyor ve korkuyordu, ailesi de aynı korkuyu yaşıyordu. Ölümden korkup korkmadığını bilmiyorduk ama, bildiğimiz bir şey var; ölüm ona göre bir oyun çeşidi idi. Evin büyük çocuğunun ölümü onun için bir fırsattı, çünkü kardeşinin dünyaya gelmesini istemiyordu ve böyle davranırsa doğmayacağına inanıyordu.

Bu konuda anne ve babasının da büyük bir suçu vardı. Onun anlayamayacağını düşünerek, yanında ölümden, kardeşinden söz ediyorlardı. Çocukların her ima, her konuşma ve her hareketten kendi lisanları ile çok şeyler yorumlayabileceğini anlamak gerekir. Onlar Pepi gibi de değildirler, her zaman kurnaz davranırlar.

Çocuklar, karın ağrısı, başağrısı, kabızlık, bağırarak uykudan uyanma gibi davranışları tekrarladıkları sürece ailesinin ilgisini çektiğini öğrendikçe, eline büyük bir koz geçirmişçesine sevinirler. Küçük kardeşle ilgilenmemesi için ellerinden geleni yaparlar ve sürekli mızmızlanarak bunu başarırlar da... Bu gibi durumlar karşısında çocuğa nasıl davranılması gerektiği iyi bilinmelidir. Yaptıklarının hiç hoş şeyler olmadığı, hatta gülünç bir hale düştüğü hatırlatılmalı ve hatta bazen de alaycı bir üslupla dinlenmelidir.

Çocuk, anne ve babasının bir yeri ağrıdığında aynı yerinden şikayetçi gibi görünür; onların hareketlerini taklit etmeye çalışır. Çoğu aile, çocuğun bu durumunu kalıtımsal bir gerekçeye dayandırarak boşuna evhamlanır.

Çocuk, heyecanlarını başkasına bulaştırmayı da çok sever ve bunda da başarılı olur. Özellikle kız çocukların, bebeklerini nasıl okşadıklarına, onlara nasıl bir anne şefkati çerçevesinde yaklaştıklarına dikkat ediniz.

Oyuncaktan söz açılmışken, bir gerçeği hatırlatmakta yarar görüyorum. Çocuklar için aldığınız oyuncakların sade olmasına özen göstermelisiniz. Onları fantaziye yönlendirecek fazla cicili şeylerden kaçınmalısınız. Oyuncak, çocuğun hayalindeki oyuncakla aynı anlamda olmalıdır. Dikkat edilirse, fakir çocukların basit bir tahta parçası ile mutlu oldukları gözlemlenebilir.

Çocuk, oyuncağını kırdığı veya boyama kitabını yırttığı zaman dövülüp cezalandırılmamalıdır. Ona verilebilecek en büyük ders, kırılan oyuncağın yerine yenisinin alınmamasıdır.

Bütün anne ve babalara önemli bir çağrıda bulunacağım: Çocuklara kavga ve çatışmayı öngören oyuncaklar almamalısınız. Onların duygularını geliştirici, zekalarını açıcı binlerce oyuncak çeşidinin olduğu günümüzde, çağın şartlarıyla geliştirilmiş birbirinden ilginç oyun çeşitleriyle onların mantık dairesini güçlendirecek oyuncaklara yönelmelisiniz. Gelecekte, çocuklarımızın barışçı, işe yarar ve iyi yetişmiş bir vatandaş olarak yetişmelerini istiyorsak böylesine önemli bir tercihi yapmak zorunda olduğumuzu kabul etmeliyiz.

Anne ve babaların unutmaması gereken bir diğer önemli konu da, geleceğin dünyasını kuracak olan çocukların yüreklerine sevgi tohumları ekmenin onlara verilecek en önemli hediye ve geleceğe bırakılacak en değerli miras olduğudur.

Çocuk terbiyesinin ilk şartının, kıskançlığı yenmek olduğunu unutmamalısınız!

Dr. Wilhelm Stekel

Onüçüncü Mektup

Sevgili kardeşim,

Çocuklarına, bir bakıcı tutan ailelerin bu konuya dikkat etmelerini öneririm. Aklı başında, ne yaptığını bilen bir bakıcının, çocuklar için iyi birer oyun arkadaşı olduğunu da bilmelisiniz. Çocuk, çocuğa muhtaçtır. Bazı aileler, çocuklarının terbiyesinin bozulacağından onları, mahalledeki akranlarından koruyup, el bebek gül bebek büyütmeye çalışırlar. Bunun çok yanlış bir davranış biçimi olduğunu kabul etmelisiniz. Çocuğun yere düşmekle hemen öleceğini düşünürseniz, onu ileride çok daha önemli şeylerden koruyamazsınız. Çünkü çocuk, düşe kalka büyümeli ve acıyı da tatmalıdır.

Çocuğunuzun çok yaramaz olduğunu düşündüğünüz ve ona böyle yaklaştığınız sürece, kendine güvensiz, cesaretsiz bir genç yetiştiriyorsunuz demektir.

Benim çocukluğumda da, sokakta oynamasına izin verilmeyen, süslü püslü elbiseler giydirilerek süs köpeği gibi gezdirilen çocuklar vardı. Yapma bebeklere benzeyen bu çocukların hepsi mutsuz oldular. Düşmemeleri, koşmamaları, sulu yerlere basmamaları konusunda sıkı sıkıya tembihlenen çocukların hallerini bir düşünün!

Bir parkta oynayan çocukları seyreden böylesine süs bebeği gibi duran çocukların olduğunu görmüş, çok acımıştım.

Bazı resmî kurumların, çocuklar için sosyal imkan sağlayan tesisleri de bulunuyor. Çok zengin olmayan çocuklar, belli bir ücret karşılığında bu tür yerlerden yararlanabiliyorlar.

Her sokakta, her evin bahçesinde çocukların rahatça oynayabilecekleri, kendilerini rahat hissedebilecekleri parklar bulunmalıdır. Yetişkinlere oranla daha hareketli ve canlı olan çocuk dünyasının böylesi heyecanlara ihtiyacı vardır. Bu heyecanın giderilmesi için mutlaka bu tür tesislerin yapılması gerekir.

Gülmek, kahkaha atmak, bağırmak en önemli çocuk hareketlerindendir. Sevincinden bağıran bir çocuktan daha mutluluk verici ne olabilir ki? Hiç gülmeyen çocukların olduğuna inanmalısınız. Onlar ki, hayatlarının her döneminde mutsuzlukla başbaşa kalmaya mahkum olmuşlardır.

Önemli çocuk doktorlarından Prof. Dr. Hamburger'in "Çocuk Yaşlarının Psikolojisi" isimli eserinde kaleme aldığı "Çocuk Tedavisinde Ruhbilimin Rolü" başlıklı yazı dikkat çekici anekdotlarla doludur.

"Çocuğun benzi sarardığında, hemen kansızlık akla gelir. Oysa bu durum, çocuğun ruhsal bir sorunu olduğunun da işareti olabilir. Günlük hayat içinde sürekli kavga eden bir anne baba veya aralıksız homurdanan bir anne ile, sevgisini gösteremeyen bir baba, bu durumun en önemli sebebidir. Bu tür ailelerde yetişen çocukların ileriki yaşlarında da gülmedikleri bilinen gerçektir. Çocuklar, başka çevrelerin zorlamasıyla gülmeye başlarlar ki, bu tavsiye edilecek bir durum değildir."

Çocukların aniden, hiçbir sebep yokken ağlaması da yanlış değerlendirilen konuların başında gelir. Şunu unutmamalısınız, çocuk, sebepsiz yere ağlamaz. Çocuklar, aniden ağlamaya başladığında anne buna çok kızar ve aslında küçük bir teselli ile avutulacak çocuğun ağlamasını daha da şiddetlendirir. Hastalık, diğer çocuğu kıskanma, ilgisizlik de çocuğun ağlaması için en önemli sebeplerin başında gelir.

Mutlu aile ortamlarında yetişen çocukların hayata ne kadar bağlı olduğunu anlatmama gerek yok. Sevilen ve seven bir babanın eve gelişi neredeyse bir bayram heyecanı yaşatırken, sevilmeyen ve sevmeyen bir babanın kapıdan görünmesi de cehennem azabı gibidir. Çok çocuklu evlerde de buna benzer bir durum söz konusudur. Ya anne cezalandırıcıdır ve tehditkârdır; veya baba eve geldiğinde, işlenen suçtan dolayı ceza verici hakimdir. Her iki davranış biçimi de tavsiye edilemez.

Anne ve baba çocuğu anlamaya ne kadar gayret ederse, o kadar mutlu bir aile ortamı meydana getirilmiş olur. Ailede, herhangi birinin yapmayı istemediğini diğeri inatla yerine getirmeye çalışırsa, bu durum da hoş karşılanmaz. Tepkilerde, ceza ve ödül yöntemlerinde ortak bir üslup geliştirilmelidir.

Ev ortamında yalan söylemek de yanlıştır. Çocuk, anne veya babanın yalanını yakalayıp, bu yalanı onların yüzüne vurduğunda da sert tepkiyle karşılık görür. Ya dayak yer veya kendisi de bazı olaylar karşısında yalana müracaat eder.

Beş yaşındaki Eva, hiç yalan söylemeyen bir çocuk olarak yetiştirilmişti. Küçük kız, annesini yalnız yakaladığı bir anda sordu:

"Anneciğim, doğum sırasında kızla erkek nasıl farkedilir?"

Annenin verdiği cevap sizi de şaşırtacaktır:

"Erkekler küçük bir pantolon, kızlar da ceketle doğarlar yavrum!"

Çocuk, işin doğrusunun böyle olduğuna inandığı için önüne gelene anlatmaya başlamış ve hatta, annesinin yasakladığı şeyleri yapmaya başlamış, kötü davranışlarını da savunur hale gelmişti.

Çocuğun küçük yaşlardan itibaren öğle uykusuna yatırılmak istenmesini de anlayabilmiş değilim. Eğer, gündüz uyumazsa, çocuğun hasta olacağı gibi yanlış bir düşünce taşıyoruz toplum olarak. Çoğu zaman öğle uykusuna yatırılan çocukların, uyku zamanı geldiğinde huysuzlandıklarını biliyoruz. Gece yarılarına kadar uyuyan bir çocuk ailenin günlük dengesini de bozacaktır. Çocuklar büyüdükçe, uykuya olan ihtiyaçları da o oranda azalır. Zorla uyutulan çocukların gece yarıları uyanıp kâbus dolu seslerle bağırdıklarına çok tanık olmuşuzdur.

Mutlu aile ortamları, sürekli gülen ve hayata olumlu bakmaya çalışan bireylerin oluşturduğu aileler, çocuklar için önemli kazançtır. Yaşama sevinci ve hayata bağlılık iyi yürekli olmak ve sevecen tavırlar sergilemekle mümkündür. İnsanları iyi veya kötü olarak anacağımız anlarda, daima iyilikler ön plana çıkacaktır.

Ben size, ciddi şeyler anlatırken bile dudaklarınızda tebessüm belirmesi için çalışıyorum. Anlattığım şeylerin gülünecek şeyler olup olmaması o kadar da önemli değil.

Dr. Wilhelm Stekel

Ondördüncü Mektup

Sevgili kardeşim,

Yeni ve farklı bir konuyla karşı karşıyayız. Çocuğunuz ciddi olduğunu sandığınız bir hastalıkla pençeleşiyor. Gece yarıları uykusundan uyanıp, sizin yanınıza geliyor. Onu doktoruna gösterdiniz ve size ameliyat olması gerektiği söylendi. Şimdi kara kara düşünüyorsunuz.

Ben burada kendi düşüncemi söylemek durumundayım.

Çocuğunuzun ameliyatlık bir durumu olup olmadığını bilemem ancak, çocukların daha o yaşlarda ameliyat edilmesine karşıyım. Bıçağın, her hastalığın üstesinden geleceğine inanan doktorlardan değilim, fakat birçok meslektaşım aynı düşüncede değil, ne yazık ki!

Çocuk vücudu sürekli kendini yeniler. Ben, ameliyat kararı verilmiş çocuğun, ameliyat edilmeden bile zamanla mevcut hastalığının iyileştiğine şahit oldu.

Çocuğunuzun bademcik problemi olduğunu zannediyorum. Eğer uykusunu etkiliyor ve onu huzursuz ediyorsa, bademciğini aldırın yeter. Zaten aile doktorunuz da aynı düşüncede sanıyorum. Yalnız, çocuğun bademciğini aldırırken, ona yalan söylememeye dikkat edin. Onu bir işe önceden hazırlayın ve yapılacak şeyin çok az da olsa ağrı vereceği gerçeğini ona söylerken, ameliyat sonrasında yaşayacağı rahatlamayı hatırlatın yeter.

Daha önce de söylemiştim, çocuklar kandırılmaktan ve yalandan hiç hoşlanmazlar.

Bir hasta tanıyorum. Diş doktoruna gitmekten anormal derecede korkuyor ve ağzındaki çürük dişlerle dolaşıyordu. En sonunda dayanamayıp doktorun kapısına geldiğinde tir tir titreyen bu adam, sanki ölecekmiş gibi panik içindeydi. Doktoru görünce durumu daha da ağırlaşan hastanın geçmişiyle ilgili küçük bir araştırma, gerçeği ortaya çıkardı. Küçüklüğünde boğazına bakan bir doktor canını çok acıtmış, o günden bu yana ne zaman bir doktor görse, bu acıyı hissediyor, iyi olsa da kendini aynı duygular sarıyordu. Üç yaşında iken oturduğu doktor koltuğundaydı sanki. Yine boğazına bir şeyler salınıp, boğazından bir şeyler koparılacağını zannediyordu.

Sekiz yaşındaki Erika da böyle ilginç bir örnek olduğu için buraya alıyorum. Anne babası seyahate çıkacağından büyükannesinin yanına gönderilen küçük kız, birkaç hafta iyi vakit geçireceğini düşünüyordu ama büyükanne de, onu alıp başka bir kadına götürdü. Erika, üç hafta boyunca kendini iyi hissetmediği bu evde oyalanmak zorunda kaldı. Erika'nın yatılı okula gitmesi gerektiğinde de benzer yalanlar söylenmiş ve oyalanmıştı. Yıllarca büyükannesini affedemedi küçük kız.

Bu tip örneklere toplumumuzda rastlamak çok da zor değil.

Çocuklarınızın ince yapılı ve hiçbir şeyi unutmayan bir ruh yapısına sahip olduğunu asla unutmamalısınız. Onu fazla ödüle boğmak, paralar içinde yüzdürmek ve her istediğini yerine getirmek de yanlıştır. Çocuğu sevgi ve para arasında tercih yapar duruma getirmekten şiddetle kaçınmalısınız!

Belki biraz abartılı olacak ama, bugün 48 yaşına gelmiş Ernest'in hikayesini de anlatayım isterseniz.

Ernest daha küçük bir çocuktur. Annesi, birgün onu yanına çağırıp, "Eğer hergün odanı temizler, kendi işlerini kendin görürsen, sana her ay bir dolar veriririm" demişti. Buna çok sevinen Ernest, o günden itibaren çok uslu bir çocuk olmuş, hatta yemek yediği tabakları bile temizlemeye başlamıştı. Alacağı bir doların hayaliyle yanıp tutuşan ve hayaller kuran küçük çocuk, oyuncakları, parkları düşünür olmuştu. Nihayet ay sonu gelmiş, uykusuz geçen bir gecenin sabahında erkenden kalkıp annesine yanına gitmişti. Annesi hiçbir şey yokmuş gibi davranmış ve vereceğini söylediği doları oğluna vermemişti, belki de verememişti. O, bu olayı bana anlattığında 32 yaşında idi ve hâlâ içinde bir ukde gibi duran bir öyküyü anlatıp, hüzünlenirdi.

Ünlü Alman şairi Goethe, şöyle diyor:

"Çocuklarınız yanında onlara tıpkı büyük insanlar gibi davranın!"

Çocukların ruh dünyalarını kavramak için yoğun bir çaba sarfetmeniz gerekebilir. Kardeşlerin birbirlerini kıskandıklarını söylemiştik. Aynı yaşlardaki çocukların birbirlerinin oyuncaklarına zarar verdikleri, hatta hızlarını alamayıp, bıçakla oyuncakları paramparça ettikleri de görülmüştür. Çünkü bütün çocuklarda ben kavramı şiddetli şekilde öne çıkar. Kendisinden başka hiç kimsenin bir hakkı olmadığını zanneder. Oyun arkadaşlarına sizin aklınızdan bile geçmeyen hikayeler anlatan çocukların varlığından bahseden oldu mu acaba?

Çocuklar, başkalarından farklı ve üstün olmak isterler. Birbirlerinden üstün olmaya çalışmaları şaşırtıcı değildir. Fakir çocuklarla zengin çocuklar arasındaki varlık-yokluk mücadelesi de bunu doğrular.

Yetişkin insanlar bile aynı duyguları taşımazlar mı?

Ben'in iktidar mücadelesi çocuk yaşta başlar ama çocuk yaşta başlayan bir duygu daha vardır: Aile ortamının gerçeklerine intibak. Sevgiye dayalı bir aile ortamı çocuğun ruh dünyasına da olumlu şekil verecektir. Bu durumlarda çocuklar, anne ve babalarının ne kadar farklı insanlar olduklarını anlatıp, onlarla övünecek ve onlar gibi olmaya çalışacaklardır. Zengin bir çocukla, fakir bir çocuk arasındaki "ben" mücadelesi de bu örneğin tam tersi, trajik boyutludur. Böyle durumda kalan çocuklar, babalarının en belirgin övünme özellikleriyle kendilerini isbat etmeye çalışırlar.

Yalan söylemek, doğruluk, hile, bencillik gibi insana özgü özellikler, çocuk dünyasının en belirgin belirleyicileridir. Eğer, daha küçük yaşta bu ana ilkeler üzerinde doğru davranışlarda bulunulursa, birçok hatanın da önüne geçilmiş olur.

Dr. Wilhelm Stekel

Onbeşinci Mektup

Sevgili kardeşim,

Çocuğunuza ilk pantolonu ne zaman giydireceğiniz, sizin için çok önemli olmayabilir, ancak hayatta önemsiz şey yoktur. Bu küçük gibi görünen ayrıntılar onun için çok büyük bir iştir.

Ben birçok anne tanıyorum. Erkek çocuklarının kız gibi giyinmesi onlar için önemlidir. Kız elbiseleri, ayakkabıları giydirirler; birisi, "ne kadar şirin bir kızınız var" dediğinde de tepki gösterirler ve onun bir erkek çocuk olduğunu hatırlatma gereğini duyarlar.

Bu durum sadece erkek çocuklar için değil, erkek gibi giydirilip öyle davranılan kız çocukları için de geçerlidir. Çocukların bu psikolojiden kurtulması pek kolay değildir. Kız veya erkek gibi yetiştirilen ayrı cinsiyetlerdeki çocuklar ileriki yaşlarda ruhsal olarak hasta kalırlar.

Çocuklar mümkün olduğunda kendi yaşlarını yaşamalıdır. Onların kendi işlerini kendileri görebilmeli ve bu şekilde yetişmeleri sağlanmalıdır. Çocuk ne kadar doğal yetenekleri ve doğal öğrenme sürecine göre yetiştirilirse o kadar rahat bir gelecek şansı doğar.

Çocuğun hak etmediği kadar övülmesi de yanlış davranış biçimlerinden biridir. Gereğinden fazla övgü dolu sözler söyleyerek çocuğu etkilemeye çalışmak, onun kendine güvenini sarsar ve cesaretlerini kırar. Bu konuda ne kadar ölçülü olunursa, o kadar iyi sonuç elde edilir. Abartılı bir benlik duygusuna kapılan çocuk, ileriki yaşlarda kendini küçük görme davranışı ile karşı karşıya kaldığı anda çok büyük sıkıntılar yaşar. Çocukların, şaşılacak derecede kuvvetli hafızası olduğunu da unutmamalıyız. Kendi kendini seven bir çocuk, hastalıklı bir biçimde yetişir. Bedensel ve ruhsal olarak aşırı gururlu olmak, kendi kendini sevme hastalığının ilk basamağıdır. Hayata yeteri kadar hırsla sarılmak belki faydalı olabilir ancak ben'ine teslim olan çocukların, başkalarını anlamak, başkalarının varlığının kabul etmek noktasında büyük sıkıntılara düşebileceği unutulmamalıdır. Çocuk, herkes tarafından sevilmek ve beğenilmek ister. Aksi olunca da mutsuz olur.

Hastalarımdan biri böyle bir durumda idi. Çocuk, bir güzellik yarışmasına sokulmuş ve birinci olmuştu -ki bana göre çok yanlış bir davranış. Fotoğrafının yer aldığı kartpostallar matbaada basılıp dünyanın pek çok yerine gönderilmiş ve oralarda satılmıştı. Fakat birkaç yıl sonra herkes gibi gelişen ve büyüyen çocuk, çevresindeki insanlardan hiçbir farkı olmayan sıradan biri olmuştu. Bu durumu kesinlikle kabul etmeyen ve fakat bir süre sonra sonucu kabul etmek zorunda kalan genç, bir psikoloğa gitme ihtiyacı hissetmişti.

Ben çocukların cezalandırılmasına kesinlikle karşıyım. Kendinizi çocuğunuzun ruhunda hissettiğiniz anda onun gibi düşünmeye ve onu daha iyi anlamaya başlarsınız. Şu anda onu anlama dönemindesiniz. Ailenize yeni gelen kızkardeşini elbette kıskanacak ve belki de ona öfke duyacaktır. Küçük kardeşiyle yaşamak zorunda olduğunu, artık ailenize bir kişinin daha katıldığını anlatmak zorundasınız. Bu zor olmayacak biliyorum, ama denemelisiniz. Buna tepki gösterip hırçınlaştığında ceza vermek veya hapsetmek yolunu seçerseniz veya babasına şikayet ederek dayak yemesini isterseniz, bunun sonucuna katlanmak durumundasınız. Böyle hırçın olduğu anlarda onu evden uzaklaştırmak veya dikkatini başka bir şeye çekmek sizin yapabileceğiniz en önemli şeydir.

Çocuğun sinirlenmesi, sağa sola saldırması anne ve baba için aslında bir alarmdır. Bütün davranışları normal çocukların bir anda hırçınlaşması karşısında yapacağınız tek şey, bu davranışın temelinde yatan sebepleri araştırmaktır.

Çocuğun bu davranışı uzun zaman devam edebilir, buna da alışmalısınız. Sabır ve sevgiyle kuşatacağınız çocuğunuzun bu sorununu çözebileceğinizi söylemek istiyorum. Çok abartılı gibi görünen kardeş düşmanlığının, kıskançlıktan kaynaklandığını kabul ettiğiniz sürece bir problem olmayacaktır.

Okulda verilen cezalardan da söz etmek istiyorum. Hâlâ uygulanan bir kenarda tek ayak üstüne durdurma cezasının da karşısındayım. Bütün arkadaşlarının gözü önünde böyle bir cezayla karşı karşıya kalan çocuğun ruhsal yapısını bir düşünün!

Sadece ceza vermek değil, onların özür dilemelerini istemek ve bu konuda ısrarcı olmak da yanlıştır.

Çocukların anne-babadan ayrı bir ortamda eğitilmesini öngören pedagogların olduğunu biliyor musunuz? Benim buna da karşı olduğumu hatırlatmak isterim. Aile içindeki samimi ve doğal eğitim ortamından soyutlanmış çocukların, zorla ve belki de cezalandırılarak eğitilmeye çalışılması mantıklı görünmüyor.

Oğlunuzu biraz ihmal ettiğinizi kabullenin, çünkü aileye yeni gelen bebeğinizin bakımı sırasında gereken ilgiyi ister istemez ondan esirgediniz. Oğlunuzun size karşı yabancı gibi davranması veya kardeşine karşı kıskanç davranması, sizi şaşırtmasın. Dudaklarını ısırması veya tırnaklarını kemirmesi bu yabancılaşma hissinin bir yansımasıdır. Endişelenmeyin, çünkü, koskoca adamların bile tırnaklarını kemirdiğini görmüyor musunuz?

Çocuğa, yetişkin insanlara davrandığınız gibi davranın. Sevginizi çocukça sevgi olarak yansıtın ama onunla konuşmaktan, ona önemli şeyler anlatırken ciddi olmaktan çekinmeyin. Çocukların, büyük insanlardan daha fazla öğrenmeye meraklı ve eğilimli olduğunu hatırlatmama gerek yok, sanırım.

Beş yaşında olmasına rağmen, küçük Fritz'e, çok ciddi bir ceza verilmişti. Oyuncak olarak kullandığı harf kutusundaki harflerden yararlanarak, her gün, "Ben çok yaramazım, lütfen beni affedin!" yazma cezası verilmişti. O, kendini suçlu hissetmiyor ve bunu yazmamak için direniyordu ve içten içe de kin duymaya başlamıştı, cezayı verenlere. Büyüdüğünde çok zengin olacağını ve anne babasına hiçbir şey vermeyeceğini haykırıyordu küçük Fritz...

Tırnak kemirmek, bir sırrın dışavurumudur. Çocuk, hayvanlara yetişkinlerden daha fazla yakındır. Kızdırılan köpeğin ısırması gibi, kızınca çocuğun ısırması da aynı derecede değerlendirilmelidir.

Öyle zannediyorum ki, siz kızınızla ilgilenirken, oğlunuza bir oyun arkadaşı bulamadınız veya bunu düşünmediniz. Fakat, çocuk için en büyük cezanın yalnızlığa terkedilmek, ilgilenilmemek olduğunu kabul etmelisiniz. Bütün hırçınlıklarının, yaramazlıklarının altında bu nedeni arayın.

Çocukları için ayıracak zamanları olmayan anne ve babalar olduğundan daha önce bahsetmiştim. Ancak siz, böyle anne-babalardan değilsiniz. Kocanız, ünlü şair Schafer'in şiirinde bahsettiği insanî özelliklere sahip biri, bundan emin olun:

"Çocuklarından ilgini esirgeme! Onlar gece ve gündüz etrafında olsunlar. Onları sev ve kendini sevdir. Çünkü bu güzel seneler gelip geçicidir. Çocukların, küçük olduğu anlarda ancak sevilir ve sana ait olurlar. Gençlik dönemlerinde onların ruhunda çok farklı helezonlar meydana gelir ve bunlar, senin düşünemediğin şekilde ortaya çıkar. Artık onlar, kendi dünyalarındadırlar. Kendi geleceklerinin derdine düşerler ve seni düşünemezler."

Siz, aslında çok dikkate alınmaması gereken kendi hatalarınızı düzelteceksiniz. Buna inanıyorum. Oğlunuzla arkadaş olmayı deneyin ve ona dostça yaklaşın. Göreceksiniz, anneliğin ne kadar başarılı bir uzlaşmacı kavram olduğunu kabul edeceksiniz.

Onu, yaşına uygun sevin. İlk pantolonu giydirin. Kendinden daha küçük olduğu için kardeşine ilgi göstermeniz, onun altını temizlemeniz, sütünü emdirmeniz gerektiğini, bir zamanlar onun da aynı yollardan geçtiğini, anlayacağı dilde anlatın, en azından anlatmayı deneyin. Göreceksiniz, merak ettiğiniz bütün korkular sona erecektir.

Dr. Wilhelm Stekel

Onaltıncı Mektup

Sevgili kardeşim,

Çocuklarınızın hangi oyunlarla ilgilendiğini belirlemek ve onları takip etmekle çok iyi yapıyorsunuz. Çocuk oyun oynarken, gelecekle ilgili planlamalarını da farkında olmadan yapmaktadır. Çocuk oyun konusunda fazla zorlanmamalı en çok hoşuna giden oyunla ilgilenmesi olumlu karşılanmalıdır.

Siz, birçok zengin ailenin düştüğü yanlışa düşmemekle çok iyi yapıyorsunuz. Durup dururken çocuğu hediyelere boğmak, çocuğun kavrayamayacağı oyuncaklar almak, konuşan bebekler ve neredeyse canlı arabalar almak yolunu seçmiyorsunuz. Dikkat ederseniz, birçok yoksul ailenin çocuğu tahta araba veya bebekle oynamak zorunda kalır ama o, hayalindeki oyunu bu tahta parçalarıyla oluşturmayı becerir ve düşüncesini geliştirir. Hayaliyle, olmayanı tamamlayan çocukların ne kadar başarılı olabileceğini düşünmenizi istiyorum. O sadece oyun oynamaz, hayalin kudretiyle fikrini geliştirir.

Bir konuda dikkatinizi çekmek isterim, çocuklar, oyuncakla dahi olsa büyüklerin oluşturduğu bir toplulukta değil de akranlarıyla birlikte oynamalıdır. Büyüklerle birlikte yetişen, oynayan çocuklar anormal birer kişilik olarak dolaşır toplum içinde. Ailelerine oldukça bağlı olan böylesi çocuklar, yabancı topluluklara girdiğinde çok çekingen olurlar.

Eğer çevrenizde, onun yaşında çocuklar yoksa, onu kreşe veya anaokuluna vermekten çekinmeyin. Bazı anneler de çocuklarının gelişmesini kendi elleriyle engellerler; onlara göre, kendi çocukları biriciktir ve başka çocuklarla birlikte olduklarında hasta olurlar veya başka zararlara uğrarlar.

Çocukların, oyunlarında bile büyük insanları taklit ettiklerini göreceksiniz. Arabacılık, babalık, annelik, zenginlik çocuk dünyasının başlıca oyun karakteridir. Bir sandalyeye oturduğunda hemen pilot olur ve bütün dünyayı dolaşır çocuk. Küçük bir tahta parçası eline geçtiğinde hemen kovboy olur ve herkesi öldürür çocuk. Şimdilerde gelişen yeni oyuncak tabancalara sahip olan çocuk da aynı düşünceyle herkesi öldürür!

Evcilik veya doktorculuk oyunu da büyüklerden çalınmıştır.

Şu anda üçüncü çocuğuna hamilesiniz. Oğlunuz beş yaşına geldi. Sizin ne beklediğinizi çok iyi bildiği gibi, kendisi de durumun farkında. Yeni gelecek olan bireye karşı küçük kız kardeşi ile birleşmeleri doğaldır ancak siz elinizden geldiğince bu düşmanlığı kine dönüştürmemelisiniz.

Anne ve babasına olağanüstü bir sevgiyle bağlı, ancak onüç çocuktan en büyüğü olan birini tanıyorum. Daha baş yaşında iken doğacak kardeşini hatırladığında evdeki herşeyi sokağa fırlatmayı düşünen bu adamcağız, dördüncü kardeşi doğduğunda o kadar sinirlenmiş ki, onu pencereden atmak istemiş.

Çocuğun kötü iç duygularının gelişmesi de kontrol edilmesi gereken önemli bir durumdur. Karanlıktan korkma, hırsız ve hatta dilenciden bile korkma hissi gelişmiş bir çocuk bilinen bir hastalığın eşiğindedir. Bu ilk korku hallerine, anne veya baba ciddi reaksiyon göstermez ve hatta uydurulmuş olabileceği düşüncesi ile çocuğu cezalandırabilirler bile. Çocuğun durup dururken gülmesi de böyle bir hastalığın belirtisidir.

Bu hastalığa tutulmuş çocukların garip fakat dikkate alınmaması gerek çeşitli davranışları göze çarpar:

Beş yaşındaki bir çocuk sürekli olarak "Fermez la port! Ouvrez la port!" diyor, anne ve babasını çıldırtıyordu. Anne ve baba, bütün ceza yöntemlerini denemiş olmalarına rağmen çocuğun bu tutumundan vazgeçmesini sağlayamıyordu. Bu durumda yapılacak tek şey, onunla ilgilenmemektir.

Dört yaşındaki bir çocuk da, odalardaki tabloların önünde saatlerce durup onları seyrederdi.

Altı yaşındaki bir çocuk ise, kirlendiğini düşünerek bütün oyuncaklarını sürekli silerdi.

Eğer bu tür davranış bozukluğu olan çocuklarınız varsa, onlarla fazla ilgilenmemeniz gerekir. Ciddi bir hastalık gibi görünenler hariç, onu kendi haline bıraktığınız takdirde ileriki yaşlarda rahat edersiniz.

Çocuğa karşı şiddet kullanmakla bir şeyi çözmüş olmazsınız. Eğitim kuralları gereği, hoşunuza gitmeyen bir davranış sezdiğinizde onu çözüme ulaştırma yolunda kendinizce pratikler geliştirmeli ve gerekirse yardım almalısınız.

Çocuğunuzun kediden bile korkuyor olmasına şaşırmayın. Çocukların hayvanlardan korkma hisleri çok küçük yaşlarda başlar. Köpeklere, kuşlara, böceklere karşı aynı duygularla yaklaşan çocukların olduğunu bilmelisiniz. Bütün bu korkuların temelinde ruhsal bir eksiklik veya hastalık aramamalısınız.

Vereceğim küçük bir örnek, çocuk korkusunun tedavisi hakkında önemli bir ipucu verecektir. Altı yaşındaki Erna, annesiyle birlikteyken bile, caddenin karşı tarafına geçmek istemiyordu. Arabanın kendine çarpacağı korkusunu taşıyordu. Bu konuda ne kadar tehdit edilse, azarlansa ve hatta dayak yemiş olsa bile fikrini değiştirmiyordu. Çocuğu bir doktora götürdüler. Doktor, aileyle ilgili bilgiler de öğrenmek istiyordu. Daha önce babasından ayrılan annesi başka biriyle konuşuyordu. Çocuk, annesini bu adamdan kıskanıyor ve çevresinde konuşulan her şeyi not ediyor ve bu adamın nasıl bir kazayla aralarından çıkacağını düşünüyordu. Komşularından biri, insanların sokakta yürürken ve özellikle karşıdan karşıya geçerken çok dikkatli olunması söylüyordu. Çünkü herhangi bir yönden gelen arabanın altında kalınabilirdi. Çocuk bunu duyar duymaz, annesinin kolundan tutup, karşıdan karşıya geçirmek istemesinden rahatsız olmaya başlamıştı. Her defasında, "Neden hep biz geçiyoruz ki, bir kere de o gelsin bizim olduğumuz yere." Eğer, adam onlara gelirse, belki arabanın altında kalabilir ve sonsuza kadar aralarından çekilebilirdi.

Okulumdaki bir meslektaşım, Erna'yla o kadar ilgilendi ki, önce çocukla, sonra annesiyle, daha sonra ikisiyle birlikte konuşuldu ve adamın ne kadar iyi bir insan olduğu ona anlatıldı. Erna, kültürlü biri olan ikinci babasını o kadar çok sevmeye başlamıştı ki, zaman zaman annesine, öz babasından ayrılmakla ne kadar iyi ettiğini anlatıyordu. Üzerinden tam yedi yıl geçmiş olmasına rağmen, "amca" dediği adam, onlar için ideal bir erkek olmuş, ailenin mutluluğu ve geçimi için canla başla çalışıyordu.

Ayrılmış eşlerin çocuklarında buna benzer hastalıklar mutlaka görülür. Hatırlarsanız, size daha ilk mektubumda, çocuk sahibi olmanın, mutlu ailelere yakıştığını söylemiştim. Bazı evliliklerin ne kadar başarılı ve mutluluk getirdiğini biliyoruz. Çocuğun bazı evliliklerin tacı olduğunu da görüyoruz, ama bu örneklere sıkça rastlayamıyoruz. Bazı evlilikler hayal-kırıklıklarıyla sona erebilir.

Bu yüzden, insanlar evliliklerini daha ciddi temeller üzerine oturtmalıdır. Sevdiği insana onun hiç de lâyık olmadığı özellikler yüklememeli ve bütün vaatlerini gerçekçi temeller üzerine kurmalıdır. Gerçekleşmeyen idealler sıkıntıları da beraberinde getirir. İnsan bu tür davranışları sergilemediği sürece hem kendi hem de geleceğini karartmış olur.

Çocukların ne kadar hassas yapıda olduklarını hatırlatmak isterim. Aile içindeki kavgalar çocuğun dünyasını altüst eder. Sürekli tartışan aileler, çocuğun iyiliği için boşanma riskini bile göze alabilecek kadar düşüncesizlik yaparlar. Boşanmış anne ve babanın arasında kalan çocuk, birini diğerine tercih etmek ama zaman zaman bir diğerini de görmek ister.

Çocukların bazı konularda acımasız oldukları da bilinen bir gerçek. Birbirinden ayrılmış karı kocalar, hayatlarındaki değişiklikleri ona anlatmak için oldukça zorlanır ve çoğu zaman çocuk tarafından karşısındaki insan hakarete uğrayabilir.

Çocukların arkadaş ortamında birbirlerine karşı acımasız oldukları da bilinir. Onlara, birbirlerine karşı acımasızca hakaret etmek yerine sevgi ve iyiliği aşılarsanız sorun çözülür.

Yedi yaşındaki Wermann, annesine, "Ben neden öteki çocuklar kadar güzel değilim?" diye soruyordu. Bu soru karşısında şaşıran ve gerçekten de diğer çocuklar kadar güzel olmadığını bilen annesi alttan alıp, "Sen de güzelsin yavrum!" demişti. Çocuk, doğru söylenmediğini bildiği için annesinin üstüne gider: "Ben güzel değilim. Ayna yalan mı söylüyor sanki. Hem okulda da bana çirkin balık ağızlı diyorlar..." şeklinde yakınır.

Buna benzer örnekleri çoğaltmak mümkün. Bu tür çocuklar okudaki arkadaşları tarafından küçük görülüp aşağılanırlar bile. Özellikle kekeme çocukların çektiklerini bir anlatsam şaşırırsınız.

Eğer çocuk, evdeki üvey kardeşleri tarafından alaya alınıyorsa bu durum daha da kötü. Çocuk, kendisini tedavi ettirmek isteyen anne-babasına kesinlikle yardımcı olmayacağı gibi tedavi olmamak için diretecektir.

Bu tür çocukları korumak öğretmenlerin görevi olmalıdır. Arkadaşlarını bir araya toplayıp, bu çocuğun neden böyle olduğunu onları ikna edecek bir dil ve yöntemle anlatmalıdır. Kendisini çirkin görmemesi için elinden aynası alınan kralın öyküsünü biliyor musunuz? Kalbinin güzelliğini görmesi istenen kralın durumu neyse, güzel düşünen ve güzel hisseden çocuk da aynıdır.

Dr. Wilhelm Stekel

Onyedinci Mektup

Sevgili kardeşim,

Çocuklar, birbiri içine girmiş ilişkiler yumağında, hayatın bazı gerçeklerini çok çabuk kavrayıp, özümserler. Bu yaşta, iyi veya kötünün tam anlamıyla farkında olmasalar bile, neyin kendi yararlarına olduğunu çözümleyebilecek ruhsal donanıma sahiptirler.

Çocuğa "Sen iyi değilsin!" yerine "İyi olmalısın!" uyarısını yaparsak, birçok şeyi daha kolay halletmiş oluruz. İyi olmadığını hisseden çocuk, sürekli bir suçluluk duygusuyla hareket edeceğinden ruhsal bir boşluğa düşebilir.

Hayat, sıkıntılı bir okuldur. Bu okulda sıkıntılar, doğumdan itibaren başgöstermeye başlar.

Size daha önemli bir konudan bahsetmek istiyorum. Çocuğunuz okula gitmek zorundadır. Acaba nasıl davranacak diye bütün ev halkı merak içindedir. Çocuğunuzu okuldan korkutmamak konusunda elinizden geleni yapıyorsunuz. Bazı anne-baba ise çocuğunu okuldan soğutmak için özel bir gayret gösterir. Bu durumdaki çocuğu okul korkusu sarar. Öğretmen ona göre bir büyücüdür.

Bu dönemdeki çocukları ikiye ayırabiliriz. Bir bölümü okula gitmekten mutluluk duyar, isteyerek gider ve öğrencilerle birlikte olacağı için sevinçlidir. Diğer bölümdeki çocuklar ise okulu bir düşman kampı gibi görür, korku verici ve yabancı bulurlar. Onlara göre, her yabancı şey düşmandır.

Son kısımda anlattığım çocuklar, anne ve babalarını endişeye düşürdükleri gibi, hergün sabah kahvaltısında büyük sorunlar çıkarırlar, okula geç kalmaktan korkarlar ve başlı başına bir telaş yumağı olurlar. Ruhsal hastalığı olan böyle çocuklar, sıkılgan, saldırgan, dağınık ve soru sorulduğu zaman, cevabı bildikleri halde seslerini çıkaramayan bir yapıda olurlar.

Anne ve baba ile çocuk arasındaki ilk ciddi ilişki bu dönemlerde başlar. Bütün çocuklar, anne ve babalarının gözünde, akıllı ve zekidir. Çocuğun okuldaki bu davranışı, ailede büyük bir şaşkınlık meydana getirdiği için, çoğu zaman baba sertleşir; hatta çocuğu dövebilir bile. Babanın bu tür sertleşmesi çocuk için de zordur.

Bütün anne ve babalara okul işleri konusunda çok hassas olmamalarını, herşeyi oluruna bırakmalarını öneririm. Okula ait görevlerin öğretilmesi, öğretmenin işidir. Ben, prensip olarak anne ve babanın çocukların ödevlerine çok karışmaları taraftarı değilim.

Doktorların da kendi ailelerini tedavi etmemek gibi kuralları vardır. Ben bunu uygulamadım çünkü kendime güvenim vardır. Bu arkadaşlar kendi ailelerindeki bireylere karşı gerçekçi bir tedavi yönteminin ana gereği olan tahammülü ve özeni kaybetmişlerdir. Çocuklarını sevgi ve saygı ile okutamayan anne ve babalar da, bu doktorlara benzerler.

Anne-babanın verdiği müzik dersleri de çoğu zaman aynı sonuçları doğurmuştur. Motzart ve Beethoven, babasından az mı çekmiştir?

Aklın gelişmesi çoğu zaman hayret verici süreçlerden geçer. Bazen sürekli yükselir, bazen de küçük küçük belirtilerle hedefine doğru gider. Bütün çocukları aynı kefeye koymak çok yanlıştır. Anne-baba ve öğretmenler bilmelidir ki, aynı sınıftaki çocuklar, aynı anda aynı başarıyı gösteremezler.

Okulda başarılı olamayan bazı akıllı çocuklar da vardır. Kendilerinden olağanüstü başarı beklenen çocuklar, hayatlarının ileriki dönemlerinde hiç de arzu edilen noktaya ulaşmamış olurlar.

Çocuklar sevgi görmek ve takdir edilmek isterler. Bir öğretmenin öğrencisine düşmanca duygular beslediğini veya bir anne-babanın, çocuğuna karşı, kararsız, sert ve düşüncesizce yaptıkları hareketler çocuk dünyasında güvensizliği ortaya çıkarır.

Çocuğun sürekli çalışmasını teşvik etmek ve onun sürekli pekiyiler ve ödüllerle eve gelmesini beklemek çok yanlıştır.

Çocuğun cesaretini kırmak, onun tembel, aptal ve beceriksiz olduğunu yüzüne söylemek yanlış davranış biçimlerinden birisidir.

Size önemli bir soru yöneltmek istiyorum. Anneniz yalnız kalmışsa ve sizin yanınıza gelmesi gerekiyorsa nasıl davranırsınız? Bu konuda çok dikkat etmeniz gereken şeyler vardır. Annenizin çocuğun terbiyesi ve eğitimiyle ilgili konulara karışmamasını sağlamalısınız. Eski insanlar sürekli "Biz bu yöntemlerle eğitildik, terbiye gördük. Biz de sizleri böyle yetiştirdik. Sizin çocuklarınız da bu eğitimle yetişmeli" derler. O bu konuda ısrarlı olacak ve sizi dinlemeyebilecektir. Fakat ısrarla onun çocuğun eğitimi alanına girmemesini sağlamalısınız.

Deneyimlerimden bir örneği size anlatmak istiyorum. Bayan Sch., et yemezdi. Kocasıyla birlikte Bircher'in fikirlerine sıkı sıkıya bağlanmışlardı. Çocuklarını da bu tarzda yetiştirmek istiyorlardı. Bayan Sch.'nin anne ve babası, kızlarıyla alay ediyor, insanları yalnız etin kuvvetlendirdiğini söylüyor ve çocuklarına da et yedirmelerini istiyorlardı. Kendi hayatlarından örnekler vererek, onları fikirlerinden vazgeçirmeye çalışıyorlardı. Birgün torunları babaannesinin yanına gelerek gizlice, "bBen bugün bir parça et yedim, o kadar lezzetliydi ki. Ne olur bana hergün et yedir" demişti.

Ben burada Bircher'in lehinde ve aleyhinde olmadığımı belirtmek istiyorum. Sadece olayları gösterip, tedbir alınmasını istiyorum.

Size bu konuda birçok örnek verebilirim. Anne ve babaya inanmak, güvenin temelidir. Anne ve babanın hatalı olduğuna değil, onların hayatınızın rehberi konumunda bulunduğuna inanmalısınız. Denize güvenen bir gezginin şansı, kaptanın ehil olup olmamasına bağlıdır. Eğer, kaptana güveniyorsa sakindir.

Edouart Estaunie, "Un Simple" isimli kitabında anne ideali göçtükten sonra, hayatının nasıl dramatik bir düzleme kaydığını anlatır. Çocuklar bizim için birer sorumluluktur.

Çocuklar, anne-baba ne ise öyle olmak isterler.

Artık bir güneş batmıştır ve geri gelmeyecektir. İnsan ruhunda da gece hükmünü öne çıkarmaya başlamıştır. Küçücük yıldızlar, koskocaman güneşin yerini almaya boşuna çabalıyorlar.

Dr.Wilhelm Stekel

Onsekizinci Mektup

Sevgili kardeşim,

Çocuğunuzun yakın çevrenizde karşı karşıya gelebileceği tehlikeleri daha önceki mektuplarımda anlatmıştım. Fakat, çocuk okula başladığında daha farklı tehlikelerle karşı karşıyadır. Çocuğun aileden ilk ayrılışı böyle başlar. Kendi kendinize sorular soruyorsunuz. Çocuğu okula götürüp getirmek gerekir mi, sokakta başıboş bırakmak doğru mu?.. gibi.

Size daha önceki mektuplarımda, eğitiminin en önemli görevinin, şahsiyet kazandırmak olduğunu anlatmıştım. Çocuk, sokağın tehlikelerine karşı nasıl davranması gerektiğini, erken yaşlarda öğrenmelidir. Ona küçük alış-verişler yaptırın. Bakkala, fırına gönderin ve onun bu ilk başlangıçlarını kontrol edin. Eğer dikkate alıştırılırlarsa çocukların bizden daha dikkatli davrandıkları gözlenir. Birisi tarafından sürekli olarak okula götürülüp getirilen çocuklar, mecbur kalıp birgün yalnız gitme durumuyla karşılaştıklarında, çok sıkıntı çekerler. Ben öyle çocuklar tanıyorum ki, ta ortaokula kadar, birileri tarafından okula götürülüp getirilmişlerdir. Bunlar hiçbir zaman kendi kendilerine iş yapamayan korkak insanlar olarak kalmışlardır.

Sevgili kardeşim, Çocuğunuzun kavga etmesinden, çamurların içine yuvarlanmasından, ebiselerinin yırtılmasından, sokak çocukları gibi konuşmasından korkuyorsunuz.

Ben sizinle aynı düşüncede değilim. Çocuklar, kendi kendilerini korumaya ne kadar erken yaşta başlarlarsa, gelecekte o kadar başarılı olurlar. Anneler çoğu zaman, yaramaz çocuklarının kendilerine rahat vermediklerinden, herşeyi parçalayıp kırdıklarından şikâyet ederler. Fakat şunu söyleyebilirim: Çocuğun yaramazlığı onun gelecekteki hırsının bir yansımasıdır.

Bu yıl Fiume'de bir selvi ormanlığı içinde yatan annemin kabrini ziyarete gittim ve ona, çocukluğumda bana bol bol verdiği özgürlük için dua ettim.

Ben de yaramazdım. Çocukken yaptıklarımı burada anlatsam, ciltler dolusu kitap olur. Mahalledeki kadınlar, beni anneme şikâyet ederlerdi ama, bir filozof gibi davranan annem bu şikâyetleri ciddiye almaz beni rahat bırakırdı ve her seferinde şunu söylerdi: " Çocukken yaramazlığı durdurmaya kalkışmak, daha sonraki yıllarda büyük suçların ortaya çıkmasını önlemek demektir."

Derslerime karşı oldukça ilgiliydim. Bir yere misafirliğe gidildiğinde, beni durdurmanın en kestirme yolu, elime bir kitap veya dergi vermekti. Okula da yalnız giderdim. Okulun uzak olması hiç önemli değildi. Fakat burada günümüzde, çocuklarınızı korumanız gereken sokak tehlikelerinin olduğunu da hatırlatmak isterim.

Çocukken dövülen ve bir çocuğu dövmenin gerekliliğine inanan bir insan çok tehlikelidir. Onlar, çocukları hırpalamak için gerekçe ararlar ve çoğunda da bulurlar. Kendi zevkleri doğrultusunda çocukları hırpalarlar. Eskiden olduğu gibi okullarda fiziksel cezalara rastlanmıyor artık. Hâlâ bazı öğretmenler vardır ki, dövmekten daha beter ceza yöntemleri uyguladıklarını söyleyebilirim. Bazı anne ve babalar ile öğretmenlerin, artık çaresiz kaldıkları için böyle cezalara müracaat ettiklerini söylemiş olmaları, onların yaptıklarının etkisini azaltmaz.

Çocuğunuzun seve seve okula gittiğini belirtiyorsunuz. İlk haftalar, kritik dönemlerdi ve geçti. O zamanlar, sizinle başbaşa kalacak olan kızkardeşini düşündüğü için kıskançlık krizlerine giriyordu ama yeni çevresine alışınca bütün bunların hiç biri kalmadı. Öğretmenin de çabaları ve sevecenliğiyle oğlunuz okuluna hemen alışıverdi.

Çocuğun dünyası oyundur. Okulda öğrenme dönemi başladığından, çocuk oyunla öğrenme sürecini iyi ayarlayamaz, işte bu dönemde öğreticilere büyük görev düşmektedir. Filozof Groos'un "İnsanların Oyunları" ve "Hayvanların Oyunları" isimli eserlerinde anlattığı gibi, oyun, hayata en önemli hazırlıktır.

Eskiden okullarda ceza ve korku vardı. Fakat günümüzde birçok şey değişti ve korkunun yerini sevgi almaya başladı.

Tanıdığım bir öğretmen vardı. Öğrencilerine ceza vermek istediğinde onları evlerine gönderirdi. Ona göre bu bir ceza idi ve olumlu sonuçları da oluyordu. Bütün öğretmenlerin böyle düşünceleri taşıması gerekiyor.

Çocuklar, herşeyi bilmek ve öğrenmek ister. Öğretmen, çocuğun bu bilme zaafından yararlanmalıdır.

Ben, öğrencilerin yoğun ev ödeviyle cezalandırılmasına da karşıyım. Okul, çocuğun öğrenmesine ve gelişmesine katkıda bulunmak zorunda ise, ev de onun oynaması ve dinlenmesi için düşünülmelidir. Çocuğun matematikte hata yapması çok da önemsenecek bir şey değildir.

Viyana sokaklarında öğretmenleriyle birlikte okul gezisine çıkmış öğrencileri görüyoruz. Sorular soruyorlar, görülmesi gereken yerleri görüyorlar ve daha şimdiden bazı eksikliklerini tamamlıyorlar.

Tesâdüfen, Avusturya'nın ünlü ressamlarından Waldmüller'in heykelinin bulunduğu yerde komik bir olaya tanık oldum. Bu heykel, sol elinde kağıt, sağ elinde bir kalemle dikkat çekicidir. Gözleri, yaptığı ressamla doğanın kıyaslamasını yapıyor gibi kağıda dönüktü. Halkı sembolize eden bir kadın da kucağında çocuğu ile ressama şaşkın şaşkın bakmaktadır.

Tam oradan geçen bir okul grubu, öğretmenlerini durdurup başladılar sormaya:

"Adam sol elinde ne taşıyor? Sağ elinde ne var?"

Öğretmen büyük bir sabırla sorulanları cevaplandırıyordu. Bir ara, o da çocuklara bir soru yöneltti:

"Peki adam ne yapıyor sizce?"

Öğrenciler büyük bir sessizlik içinde birbirlerine baktılar. Sonra içlerinden biri bağırdı:

"Bulmaca çözüyor öğretmenim!"

Çocuk, evinde böyle bir ortamda yetişmişti. Akşam olduğunda, herkes bir kenara çekilip, gazetelerin bulmacasına dalıyor, saatlerce bu durumlarını bozmuyorlardı.

Modern okulun asıl amacı, çocukların hayâl dünyalarını geliştirici projelerle, onların serbest düşüncelerini harekete geçirmek ve onları cesaretlendirmektir.

Geriye dönüp bakıyorum da, liseyi bitireli tam kırk yıl olmuş. Almanca ve tarih hocamız olan Tirollü ihtiyar Peter Passler çok değerli bir insandı. Onu ne kadar da çok severdik! Onun bize tarih hakkında verdiği derslerin tadını unutmak mümkün mü? Zil çaldığında hiç kimse yerinden kımıldamaz, herkes Passler'ir sözünü can kulağıyla dinlerdi. Kırk yıl sonra, bugünlerde düzenlediğimiz buluşma partisinde de bizimle birlikte olan Passler'in sözünü kesmek istemedik.

Ona teşekkür ettiğimizde çok duygulandı ve hayatının en önemli gününü yaşadığını gururla söyledi. Şimdi çoktan ölmüş olan Gabriel von Mohr da bize çok önemli şeyler kazandırdı. Sekiz yıl öğretmenliği boyunca doğruluk, iyilik aşılayan bu değerli insanı da unutamadık ama bazı öğretmenlerimiz var ki, ne yüzleri aklımızda kaldı ne de isimleri...

İnsanlığın geleceğinin, öğretmenlerin elinde olduğunu söylesem abartmış sayılmam. Bizi bugünlere getiren öğretmenlere ne kadar teşekkür etsek azdır. Henüz doğru yolun ne olduğunu bilmiyor olsak da, bu konuda araştırmalar yapılıyor ve önemli mesafeler alınıyor.

Öğretmenlerle diyalog halinde olan anne-babanın, çocuğun gelişiminde ne kadar önemli bir adım attığını hatırlatmama gerek yok. Akşam eve gelindiğinde, toplantıdan çıkan sonuca göre hareket eden aile bireyleri, hayatının başında olan ve önemli dönüm noktalarında karar vermekte zorlanan çocuğun geleceğini şekillendirirler. Hayatın hazırlanması ve geleceğin kurulmasında önemli görevler üstlenen öğretmenlerin maddî ve manevî olarak tatmin edilmesi gerekir; bu görev elbette devlete düşer. Onların ihtiyaçlarını karşılamak, insanca yaşamalarını sağlamak hükümetlerin alacağı tedbirlerle mümkündür. Mutlu insanlar yetiştirmesini istediğimiz öğretmenler mutlu edilmelidir.

Dr. Wilhelm Stekel

Ondokuzuncu Mektup

Sevgili kardeşim

Son mektubunuzda önemli bir karar verdiğinizi görüyorum; anladığım kadarıyla boşanıyorsunuz. Artık, kocanızla birlikte olamayacağınızı düşünüyorsunuz. Ona güveniniz sarsıldı. Kocanızın cebinde bulduğunuz ve bürosundaki sekreterle ilişkisi olduğu kararını verdiren mektuptan hareketle böyle bir düşünceye sahip oldunuz.

Kocanızın, bu olaydan dolayı çok mutsuz olduğunu, bir yanlış anlaşılmadan bahsettiğini ve bu olayın tekrarlanmaması sözünü verdiğini de yazıyorsunuz. Sekreterini işten çıkardığını ve sizin aldığınız karara evet demediğini de önemle belirtiyorsunuz. Bütün bu gelişmelerin, onun isteği dışında geliştiğini bilmiyorsunuz. Bu mektubu kocanızın cebinde bulmanız rastlantı değildir. Kocanız, bunu size açıklamak istiyordu ama cesareti yoktu. Size bu ceketi vermekle işi kolaylaştırmıştı.

Şu anda sonsuza kadar ayrılmayı düşündüğünüzü varsayalım. Sizin, güveniniz tamamen sarsıldı, bunu kabul ediyorum ama hayatı bu kadar az mı tanıdınız siz? Ahlâk kurallarının sınırlarının cılızlaştığı günümüzde erkeklerin basit hatalarla bir geleceği mahvettiklerini hepimiz biliyoruz. Bazı erkekler için sadakat artık anlamını yitirmiş bir kavram olmuştur. Bence, kocanız bu davranışından ötürü oldukça pişmandır.

O her bakımdan örnek bir koca ve babadır. Kadının en güzel özelliklerinden biri de affetmesini bilmektir. Size önerim, kesinlikle kindar olmamamızdır. Göreceksiniz, kocanız sizi eskisinden daha çok sevecektir.

Bu olayda, annemden ders alabilirsiniz. Bizim ailemizde de buna benzer bir olay yaşanmıştı ve annemin olgunluğu ile konu kapanmıştı.

Sevgili kardeşim,

Kocanızın sevgisini kazanmak ve onu kendinize daha fazla bağlayabilmek için en önemli fırsatı yakaladınız, bunun farkında olunuz.

Eğer böyle bir kararı uygulamaya sokarsanız, çocuklarınızın psikolojisinde nasıl derin bir yara açacağınızı tahmin etmelisiniz. Eğer ayrılırsanız, çocuklarınız ne olacak, hiç düşündünüz mü?

Anne ve babaları boşanan çocuklardan söz ederken bile o kadar çok sıkılıyorum ki! Bu durumda çocuklar annenin yanında kalır, belki doğrusu da budur. Fakat mutlu bir evliliğin ışığı yerine birkaç kuruş tazminatla hayat devam ettirilir. Çocuklar babadan yoksundur. Kıskançlık ve kıskanmaların trajik oyunu başlar. Öyle aileler tanıyorum ki, birbirlerine düşmanca hisler taşıyan eski karı-kocalar, hayatlarının kalan bölümünü zehir etmişlerdir.

Her çocuğun kafasında, erişilmez ve mutlu bir aile şablonu vardır. Bu şablon, bir "aile romanı" olarak da kendini gösterir ve her çocuk bu romanın asıl karekterinden biridir.

İkinci defa evlenme konusu da önemlidir. Babanın, suçlu olduğunu söylediği anneyi terketmesini örnek olarak alalım.

Bu durumda, çocuklar babanın yanında kalır. Eve gelen yeni anne (üvey anne) kin ve nefret kalesi olur. İyi de olsa eve yeni gelen kadının durumu da içler acısıdır. Üvey çocukların sevgisini kazanmak ve onlara annelerinin eksikliğini hissettirmemek gerekir. Üvey anneye karşı özellikle kız çocukları ciddi bir düşmanlık beslerler. Onlar, kendi annelerinden boşalan yeri almak için çırpınırlar. Babaları ikinci defa evlendiğinde onlara düşman olan erkek çocukların sayısı da az değildir.

Bunun tam tersi bir örneğe şahit olmuştum. Eve yeni gelen kadın, üvey çocuklarını o kadar sevmişti ki, çocuklar da ona sonsuz derece güvenmiş ve sevgilerini belli etmişlerdi. Bir üvey kızkardeşleri doğmuştu ama onu kıskanmak yerine, bağırlarına basmışlardı. Üvey anne öldüğünde, o annelerinin çocuğu ile birlikte mezarını ziyaretine gitmişler ve onlar da kardeşleriyle birlikte aynı duyguları paylaşarak ağlamışlardı.

Boşanmanın ne kadar ağır sonuçları olduğunu anlatmaya çalıştım sizlere. Bana yazdığınız bir başka örnek daha var. Bu konudaki düşüncemi de söyleyeyim. Bu örnek, evli fakat bir erkeği seven aydın bir arkadaşınızla ilgili. Sevilen adamın karısı sekiz yıldan beri ayrı yaşamaktadır ama boşanmaya yanaşmamaktadır. Kocasının tekrar evlenmesini de istememektedir. Erkeğin elinde de boşanmak için yasal bir gerekçe yoktur. Bizim yasalarımız ne yazık ki eksikliklerle dolu. Kanunda olmayan sebeplerle boşanma gerçekleşemez. Arkadaşınızın çocuğu olmadığı için aşkından bir çocuk sahibi olmak istiyor.

Bu düşünce de çok yanlıştır. Çocuğu dikkate almayan böylesi bir yaklâşımın sonucunu anlatmak bile istemiyorum. Babası belli olmayan veya kimliği anlaşılmayan bir çocuğun toplumumuzda nasıl değerlendirildiğini hepimiz biliyoruz.

Çocuklar, babalarıyla övünürler, böyle dünyaya gelmiş bir çocuğun mutsuzluğunu düşünebiliyor musunuz? Böyle çocuklar, annelerini bu sonuca getiren babalarından intikam almak için fırsat bile kollayabilirler.

Viyana'da birkaç yıl önce yaşanmış bir olayı size de anlatmak istiyorum. Genç bir adam, dişlerini yaptırdığı doktora "Borcum ne kadar?" diye soruyor ve aynı anda adamın karnına bir bıçak saplıyor ve bağırıyor: "İşte borcumu ödedim!" Ölen doktorun, gencin babası olduğu araştırmalar sonucu ortaya çıkmıştır. Annesi, çocukluğundan beri onu intikam ateşiyle büyütmüştü.

Çocuğuna kin besleyen annelerin olup olmadığını merak ediyorsunuz. Ne yazık ki var! Özellikle genç ve iyi yetişmiş ailelerde bu tür örneklere rastlamak mümkün.

Arkadaşlarınızı uyarmanızı istiyorum. Kendi düşünceleri doğrultusunda hareket eder ve bir çocuk sahibi olursa, bunun sorumluluğu ve vicdanî baskısıyla huzur yüzü göremez. İlk yıllarda ruhsal olarak onu kurtaran çocuğun bir süre sonra nasıl bir yük olduğunu görecek ve yaptığına pişman olacaktır.

Bu mektubumda anlattığım her şeyi ciddiye almanızı istiyorum. Yine tekrarlıyorum çocuk sorumluluk ister. Bu sorumluluğun farkında olmayan kimseler, annelik mutluluğunu da tadamaz. Bu konuda dikkatli olunması gerekir.

Dr. Wilhelm Stekel

Yirminci Mektup

Sevgili kardeşim,

Çocuğunuzun son günlerde takındığı garip hareketler sizi endişelendirmeye başladı. Yüzünü buruşturmasının bir hastalık olup olmadığını soruyorsunuz. Bu davranış bozukluğu çocuklarda sıkca görülen bir şeydir.

Çocuğunuzun aynaya bakmaktan hoşlandığını, dergi veya gazetelerde gördüğü çirkin resimleri kesmekten büyük zevk duyduğunu söylemiştiniz. Her insanın içinde başka bir insan barındırdığını söylemeliyim. Bu insan, çekilmez ve çirkindir. Çocuğu uykusunda rahatsız eden de bu ikinci kişiliktir.

Siz de işin farkındasınız, çocuğunuz aileye yeni katılacak bebeği kıskanıyor. Küçüğün çamaşırlarını hazırlarken size garip sorular soruyor, karnınızın her gün biraz daha şişmesini normal karşılamıyor. Şu anda, yeni kardeşine karşı düşmanca tavırlar besliyor. Bunun yanlış olduğunu biliyor, çünkü siz ona bu tür davranışın ne kadar çirkin olduğunu söylemiştiniz ama çocuk dünyasında bunun önemi yoktur. Hatta oyunlarında bile bu saldırganlık kendini gösteriyor. Yüzünü buruşturması, ayı veya köpek taklidi yapması bu saldırganlığın dışavurumudur. Sık sık ölümden bahsetmesi ve doğacak bebek üzerinde bu tür oyunları denemeyi düşünmesi yine yaşına ve içinde bulunduğu ikinci kişi olma psikolojisine uygun normal bir davranış biçimidir. Eğer bütün bunları anlayabilirseniz, çok geç sayılmazsınız, burada size önemli bir iş düşüyor.

Size, "ölüm makinesi" isimli bir öyküden söz edeceğim.

Yedi yaşındaki Gisi, küçük kardeşiyle bir akrabalarını ziyarete gidecekti. Annesinin bu isteğine karşı elinden bir şey gelmiyordu ama kardeşini sokakta bırakıp kaçacağını söyledi. Annesi, "Eğer bu çirkin hareketi yaparsan, bütün kış boyunca hiçbir arkadaşını ziyarete gidemezsin" dedi.

Gisi de kızgınlıkla, "Sen bunu yaparsan ben de ölüm makinemi sana çeviririm" dedi.

Annesi şaşırmıştı, "Ne ölüm makinesi?" diye sordu.

"Benim bir ölüm makinem var. Düğmesine basınca sevmediğim insanı yere düşürürüm. Onun bir deliği var, ölmesini istediğim insanı o deliğe fısıldarım ve o insan ölür."

"Peki annesiz ne yapacaksın bu dünyada?"

"Ama bu makinenin karşısında bir de canlandırma makinem var!"

İşte böyle düşünen çocukların sayısı az değildir. Bencillik damarları kabaran çocuk için en parlak fikirlerden biri ölümle dost olmaktır. Zürihli psikologlardan Bleuler, kendisini dünyanın merkezinde gören insanlara "autistich" der. Bütün çocuklar için bu tanım geçerlidir, çocuklar büyüdükçe sosyalleşirler.

Çocuğunuzun değişik oyunlar bulup oynaması ve sürekli oyunla ilgilenmesi sizi endişelendiriyor. Çocukların sevdiği oyunların başında ateşle oynamak gelir. Boston'da, sekiz yaşındaki bir çocuğun bir okul ve kiliseyi ateşe verdiğini gazetelerde okumuş olmalısınız. Bu çocuğun doğuştan böyle bir şeyi yapmak üzere programlanmadığını bilmelisiniz, onu terbiye edenlerin ve yetiştirenlerin, ruhsal yapısını da yanlış organize ettiğini kabul etmelisiniz.

Çocukların, kendinden daha kuvvetli ve zeki bir arkadaşının yörüngesine girdiğini görmüşsünüzdür. Özellikle aile içinde pısırık ve korkak yetiştirilen çocuklar için bu tesbit çok doğrudur. Böylesi çocukların idare edilmesi de zordur.

Konuya açıklık getirmesi bakımından küçük Rebeka'nın öyküsünü anlatayım dilerseniz.

Rebeka, çirkin bir çocuktu. Baba ve anne çocuğun bu durumunu sürekli yüzüne vurur ve kardeşiyle oynamayı ve onu sevmeyi tercih ederlerdi. Rebeka bir süre kendi başına bırakılmıştı. Bundan sonrasını, küçük Rebeka'nın ağzından aktaralım:

"Ben mutluluğu tatmaya başladığımda henüz altı yaşındaydım. O yıla kadar hayatım hep acılarla geçti. Yaşama sevincini tatmamıştım henüz. Sokakta kendi yaşlarımda bir kızla tanışmıştım. Birbirimizle arkadaş olmuştuk. Üç tekerlekli bisikletiyle sokakta oynamama izin vermişti. Bu benim için çok büyük bir mutluluktu. Ben de böyle bir bisiklet aldırabilmek için anneme ve babama çok yalvardım ama almadılar. Babam, bana verdiği harçlıkları biriktirirsem böyle bir bisiklet alabileceğimi söyledi. Bundan sonra mutluluk benim tarafıma geçmişti. Hemen paralarımı topladım ve günlerce bu harçlıklarımı yalnızca benim bildiğim bir yerde sakladım. Bir sabah kahvaltısında paralarımı babama verdim. Babam, elimdeki paraları gülerek alıp cebine attı ve evden çıkıp gitti. Günlerce onun bisikletimi getirmesini bekledim ama boşunaydı...

Yedi yaşıma geldiğimde yine sokakta bir arkadaş edindim. Arkadaşıma yaşadığım acıyı anlatmıştım. O, bisiklet sahibi olunca kendisinin de yararlanacağını düşünerek, benim doğruluğumdan hiçbir şüpheye düşmeyen annemin paralarının saklı olduğu yerden bisikletin tutarı kadar çalmamı söyledi. Ben bunu şiddetle reddettim. Çok ısrar edince dayanamayıp onun dediğini yaptım ve parayı çaldım. Parayı bir güzel harcadık fakat annem hırsızlık yaptığımı anlamıştı. Üç kere dayak yedim.

İçimdeki bisiklet isteği bitmemişti. İlkokulu bitirince bana iki tekerlekli bir bisiklet alınmıştı ama ben, yıllarca özlemini çektiğim üç tekerlekli bisikletin hayaliyle hep acı çektim."

Çirkinliği yüzüne vurulan, aldatılan bir çocuğun psikolojisi Rebeka'nın kişiliğinde kendini buluyor. Bu öyküde, çocukların ne kadar akıllı olduğunu, küçük arkadaşının Rebeka'yı nasıl hırsızlığa zorladığını ve ruhsal sıkıntılarından nasıl yararlandığını görüyoruz.

Çocukların, yaptıkları iyi bir iş sebebiyle parayla ödüllendirmelerinin yanlış olduğunu belirtmeliyim. Ben çocuğa paranın ne kadar önemli olduğunun anlatılması değil, zenginliğin bir insan için çok önemli olmadığının anlatılmasından, paranın mutluluk getirmediğinden bahsedilmesinden yanayım.

Sevgili kardeşim,

Siz çocuğunuzun güvenini kazandınız. Oğlunuzun arkadaşlarından duyduğu şeyleri aynen size anlatması, gelecek üçüncü çocuk sebebiyledir. Bu kıskançlığı gidermek sizin elinizde. Onunla konuşmak yapabileceğiniz en iyi şeydir. Okula gitmesi, arkadaşlar edinmesi ve yeni bir çevrede kendini aşması için elinizden geleni yapın.

Bana bir soru daha soruyorsunuz. Çocuğunuzun müzik derslerine şimdiden başlayıp başlamamasını merak ediyorsunuz. Piyanoda bazı parçaların melodilerini çıkardığını söylüyorsunuz ama bu konuda onu fazla sıkmayın. Çünkü bu konuda ısrarınız ters tepkiyi de beraberinde getirebilir. Ders vermekte acele etmeyin. Ben müzik yeteneği olan ve fakat bu şekilde üstüne gidilen çocukların çok başarılı olmadıklarını gördüm. Benim, bütün ısrar ve zorlamaların karşısında olduğumu bilmenizi isterim.

Size, Strümpel'in önemli olarak gördüğüm şu sözlerini hatırlatmak isterim:

"Gençler çok erken yaşta yetişirler. Daha olgun olmadığı yaşlarda bile büyüklerin hayal dünyasına girebilirler. Onların yalnız sıkıntılı dünyasına değil, zevk dünyasına da girmiş sayılırlar. Böylece çocuklar, kendi yaşlarının gereğini istemeyi ve yapmayı düşünmezler. Gençlerin ruhsal ve bedensel yapılarının karşısında olan şeyler konusunda ısrarcı olmamalısınız."

Bizler, genç ruhlarda sevgi ve saygı tohumlarının yeşermesi için çalışmalıyız. Eğer bunu başarabilirsek, geleceğin dünyası mutlu insanlardan oluşur.

Dr. Wilhelm Stekel

Yirmibirinci Mektup

Sevgili kardeşim,

Oğlunuz oniki yaşına geldi ve onun neleri okuması gerektiğini öğrenmek istiyorsunuz. Duygusal kitaplara yönelmesi sizi endişelendiriyor. Onu, hiç de hoşunuza gitmeyen bir kitabı okurken yakaladınız ve size, bu kitabı arkadaşından aldığını söyledi. Çocuklar, kitap okurken seçici olmalı fakat yaşları gereği bazı şeyleri de öğrenmelidirler. Kitapların olumlu sonuçları olduğunu bizzat ben yaşadım. Küçük yaşlarda, kafamda sürekli ucuz Amerikan kovboyu hikayeleri vardı ve onlarla hayal kuruyordum. Bir tesadüf sonucu Hoffman'ın kitapları elime geçti. Şu anda bu önemli kitaplar satılmıyor artık. Bunlar bana göre çok heyecanlı kitaplardı. Kitabın sonunda kahramanlar ideal kişiler olarak doğru yolda buluşurlardı. Bu kitapları okuduktan sonra ideallerim değişti. Şiirler yazmaya ve sürekli iyilik yapmaya başlamıştım. Ruhumdaki kirler ve amaçsız hırslar yerini sevgiye bırakmıştı.

Daha genç yaşta arkadaşlar arasında elden ele dolaşan ve cinsel konuları işleyen kitaplar, çocukların ruhsal dünyalarında tamiri zor yaralar açabilir. Hayal ve isteklerini yanlış yönlere doğru yönlendirebilirler. Kanunların, polisin veya anne-babanın bu kitaplara karşı yapabilecekleri pek bir şey yoktur, çünkü yasal değillerdir. Sizin yapacağınız tek şey, çocuğunuzu bu tür zararlı kitapların etkilerinden korumaktır.

Fakat çocuklar ne okumalıdır?

Çocuklar, Allah'ın yarattığı harika varlıkları öğrenebilmek için mutlaka okumalıdırlar. En mükemmeli istedikleri için bazı mantık dışı şeylere de müracaat edebilirler. Her yaşın kendine göre ihtiyaçları vardır. Bu ihtiyaçları karşılamak için de çeşitli kitaplar kaleme alınmıştır. Bu kitapların sergilendiği ve satıldığı mekanların sayısı da oldukça fazladır. Anne ve babalar, bu konuda ciddi oldukları takdirde, çocuklarını yanlışa yönlendirmeden, başarılı bir sonuca ulaşabilirler.

Ben, Grimm'in anlattığı masalları çocuklar için uygun ve gerekli bulmuyorum. Bu masalların içindeki bazı acımasızlık örnekleri kaldırılmalıdır. Yamyamın kendi çocuklarını yemesi, Fitcher'in birçok kadını boğazlaması gibi konular çocuk dünyasına uygun değildir. İngiltere ve Amerika'da en çok satılan kitaplar arasında yer alan "Alis Harikalar Diyarında" da adlı kitapta da buna benzer sahneler vardır. Oradaki kral, canlı insanları satranç taşı yerine koyar ve esir aldığı insanların başını kestirir.

Çocukların ruh dünyalarına zarar verebilecek kitaplardan uzak durulmalıdır. Sadece kitap değil, günlük gazeteler ve aylık dergiler de yarar ilkesine göre seçilmeli ve çocukları etkileyebilecek haberler mümkün olduğunca onların yanında okunmamalıdır.

Ben yıllar önce, her şehirde çocuklar için zararsız dergiler yayımlanması konusunda projeler geliştirmiştim. Çocukların ilgisini çekecek buluşlar, akıllarını geliştirecek bulmacalar, önemli olayların işleneceği bu dergilerden, medeniyete yararlı olmuş kişilerin biyografilerini de öğrenmiş olurlar diye düşünmüştüm.

Bu arada, oniki yaşında Schiller ve Goethe'yi okuyan çocuklar da bilirim. Bunlar yaşlarının gereği şeyleri bilmekten çok, herkese tepeden bakan ve hayal âleminde yaşayan birer insan olmaktan öteye geçemezler.

Sevgili kardeşim,

Oğlunuzun, hatıra defterine "Avrupa Birleşik Devleti Kontu" gibi bir ifade yazdığını dehşetle görmüş ve korkmuştunuz. Görüyorsunuz ya, o, içinde bulunduğu devletin kendine yetmediğini, bütün Avrupa'yı istediğini betimliyor bu satırlarla. Kendi kendine bir roman uydurmuştur o. Fakat, opera dönüşü onun odasında unuttuğunuz "Troubadour" operası metninden etkilendiğini farketmekte gecikmediniz. Bu operada, bir çingene kadını kendi çocuğunu bir kontun çocuğuyla değiştirmiş ve ona kendi babasından intikam alması yolunda telkinlerde bulunmuştur. Çocuğunuz da kendisinin çingeneler tarafından değiştirildiğini, aslında bir kontun oğlu olduğunu zannetmeye başlamıştır.

Daha önce de anlatmıştım, her çocuk "aile romanı"nın kurgusunda kendi ailesini herkesten üstün görür. Bu roman, masumdur ve sadece patolojik durumlarda gerçek olarak kabul edilir.

Anladığım kadarıyla, kocanız, en küçük çocuğunu daha çok seviyor ve onu adeta bir oyuncak gibi görüyor. Büyük çocukları ihmal edip sadece onunla ilgilenmesi kıskançlığı da beraberinde getiriyor. Geziye çıkıldığında bütün çocuklarını yanında görmek isteyen baba, artık eski çocuklarına yüz vermiyor ve en küçüğünü kucağına alıp gezintiye çıkıyor.

Bir doktorun on yaşındaki oğlu, bana şunları söylemişti:

"Babam, hastaları için bol bol vakit harcıyor ama benimle hiç ilgilenmiyor."

Çocuk çok haklıydı!

Oğlunuzun, önceleri okuldaki bir kız arkadaşıyla çıktığını söylüyor, daha sonraları kendinden yaşça büyük birinden hoşlanmaya başladığını belirtiyorsunuz. Hatıra defterinde kızın güzelliklerini anlattığını da yazıyorsunuz. Onu gördüğünde ne kadar mutlu olduğunu defterden öğreniyorsunuz.

Bu yüzden çocuğunuzla alay etmemelisiniz. İlk sevgi, onun yetişmekte ve gençliğe ilk adamını atmakta olduğunun bir işaretidir. Sevme ihtiyacı doğumla başlıyor.

Oğlunuzun spor yapmasını sağlamalısınız. Saatlerce odasına kapanıp kötü kitaplar okumasını önlemelisiniz. O her türlü spora ilgi duymalı ve iyi derecede spor yapabilmelidir. Kışın kayak yapmayı, yazın yüzmeyi, bisiklete binmeyi ve dağlara tırmanmayı öğrenmelidir. Spor bu dönemlerde çok yararlı sonuçlar verir ve onun vücudunun olgunlaşmasına yardımcı olur. Fakat sporun bazı hastalıkları da beraberinde getirdiğini bilmenizi isterim. Bu hastalıkların başında aşırı yorgunluğa bağlı kalp rahatsızlıkları gelebilir. Rekora bağlı spor anlayışı yerine, faydacı bir spor disiplini benimsenmelidir. Bence en güzel spor, doğanın güzelliklerini yerinde görmek için yapılan yürüyüştür. Anne-baba bu tür gezintilere önem vermeli ve çocuğuyla arasındaki bağın böylesi günlerde perçinlendiğini bilmelidir.

Çocuğunuzun son zamanlardaki dalgınlığı, ilgisinin dağılması, ondaki fiziksel gelişmenin gereğidir. Bu, çocuk için önemli bir aşamadır. Babasının onunla konuşması ve içinde bulunduğu değişimi anlatması gerekir. Eğer kocanız bu işi yapamayacaksa bir doktora başvurmalısınız. Çocuk, bütün sıkıntılarını anne-babasına açtığında büyük bir olgunlukla sıkıntılarına çare bulunabileceğini bilirse, bu onun için büyük bir kazanç olacaktır.

Çocuk, sorduğu soru karşısında yüzü kızaran ve hatta ona kızıp günah işlediğini söyleyen babasına karşı acımasızlaşabilir.

Kocanızın, oğlunuzla konuşmasını sağlayın. Olumlu bir sonuç elde ederse, umarım, eline kötü kitapları bir daha almaz ve sevginin tatmini için başka materyaller bulur.

Dr. Wilhelm Stekel

Yirmiikinci Mektup

Sevgili kardeşim,

Çocuğunuzun yaşadığı değişimleri kontrol etmekte zorlanıyorsunuz. O yeni biri olarak karşınızda artık. Kendine göre programları olan, planlar yapan ve çoğu zaman düşünceli olan oğlunuz, eve bir misafir geldiğinde odaya girmek istemiyor ve çekingen davranıyor. Aşk üzerine konuşulduğunda ise yüzü kıpkırmızı kesiliyor.

Ergenlik dönemi, yetişkinliğe geçişte son duraktır. Çocuğun hayatında yaşadığı en önemli dönemeçlerden biridir. Kızlarda kendi bedensel yapısına göre başka değişiklikler, erkeklerde de aynı ölçüde doğal süreç içinde bazı farklılaşmalar görülür. Çocuklar, bu dönemlerini oldukça sıkıntılı geçirebilirler. Kızlar erkeklerden, erkekler kızlardan hoşlanırlar ama ruhsal yapıları o kadar değişkendir ki, karar vermek oldukça güçtür.

Benim de hayatımda buna benzer birçok değişiklikler oldu.

İlk dönemlerde anne ve baba ortaya çıkan değişikliklerin üzerinde durmazsa, sıkıntılar kendiliğinden kaybolup gider. Bu sıkıntılı dönemlerde okuyan çocuklarda da büyük değişiklikler gözlemlenir.

Ruh ve bedenin uyuşmazlığı kendini belli eder. Kol ve bacaklar büyümeye başlar. Tavır ve hareketler çok kabadır. Ego öne çıkar ve çocuk, her şeyi kendi "ben"ine göre tanımlar. Aile otoritesinden kurtulmak için yoğun bir mücadele gözlenir. Korkulan ve yanında konuşulmayan babanın da bir insan olduğunun farkına varılır. Anne de erişilmez kutsiyetini kaybetmeye başlar. Kendi "ben"i etrafında durum ve olayları değerlendiren çocuk, anne ve babanın birçok hareketini kendine göre yorumlayıp karşıtlıklar bulur. Kabulü zor şeyler istemeye başlar ve çoğu zaman onların sevgisini anlamak istemez.

Anne-babanın bu dönemlerde dikkat etmesi gereken bir diğer konu da, çocuğun yeteneklerini ortaya çıkarmaktır. Bazı çocuklar daha küçük yaşlarda resim yapmaya özenirler. Kendi kendilerine resim yapan çocuklar kadar beste yapan ve müziğe meraklı çocuklar da vardır. Bazı çocuklar ise elektrikten hoşlanır ve çeşitli deneylerle meşgul olur. İstek ve yeteneklerinin dışında bir şeyler yapmaya zorlanan çocukların ne kadar zor bir dönem geçirdiklerini ve başarısız olduklarını gören biriyim.

Mutluluk, hayatımızda yaptığımız şeylerden zevk almamıza bağlıdır. *Çocukları, hoşlanmadıkları şeylerle ilgilenmeye zorlamak onlara yapılabilecek en büyük cezadır.*

Bu kitap yayınlanmalı isimli eserinde üç önemli konuya dikkat çeker:

1. "Ben"in keşfedilmesi,
2. Hayat Planı,
3. Bazı hayatî gerçekleri yaşayarak öğrenme.

Bu gelişme süreçlerini ayrı ayrı ele almak gerekir.

Çocuğu arkadaş seçiminde zorlamak, onu azarlamak ve hatta dövmek, yanlış hareketlerdendir.

Gençliğimde, bir komşumuz oğlunun benden uzak durmasını istemiş, sebebi de benim tehlikeli olmammış. Erken geliştiğim için onların oğullarını baştan çıkarabilirmişim. Biz inanıyorduk ki, arkadaşlığımız çok masum ve gerekliydi ama aileler böyle düşünmüyordu.

Gerekmedikçe, anne ve babalar çocuklarının arkadaş seçimine karışmamalıdır. Onlara bir arkadaş aramak veya arkadaş bulmak komiktir. Gençlerde öylesine bir sempati ve antipati vardır ki, onu harekete geçirdiğiniz anda zararı sadece onlar değil siz de görürsünüz. Ailenin emriyle arkadaş olan çocuklar, anne ve babanın isteği doğrultusunda aşık olan gençler, korkak ve gelişmesini tamamlayamayan insanlar olarak toplumda yerini alırlar.

Anne ve babadan kurtulmak isteyen çocuklar böylesi zorlamalar sonucu bu duyguya sahip olmuşlardır. Bu bir hastalık belirtisidir de.

Çocuğun başarısızlığı da ayrıca değerlendirilmesi gereken bir konudur. Okuldaki başarısızlık da aileyi derinden etkiler.

Bir taşkınlık olmadığı zaman anlayışlı ve sabırlı olmanızı tavsiye ediyorum. Ergenlik döneminin her çocuk için aynı sonuçları ortaya koymadığını bilmelisiniz. Büyük değişikliklerin, büyük fırtınalardan sonra ortaya çıktığını bilmelisiniz.

Dr. Wilhelm Stekel

Yirmiüçüncü Mektup

Sevgili kardeşim,

Kardeşler arasında ortaya çıkan rekabete dikkat çekmek istiyorum. Aile içindeki denge ve mutluluk tablosu bu olaylardan sonra değişmeye başladı. Evinizdeki müzik sohbetlerinde bu durumun farkına vardınız. En büyük oğlunuz müzik konusunda, diğerleri kadar yetenekli değil. Büyük oğlunuz bu durumdan oldukça rahatsız. Bütün ısrarınız ve iyi niyetinize rağmen piyano öğrenmekte başarısız olması sizi de, onu da üzüyor. Kendi kendini eleştiriyor.

Sizin hatalı davrandığınızı söylemek isterim. Bütün çocuklarınızın aynı müzik aletini öğrenmesini nasıl istersiniz ki? Piyano çalmayı çabuk öğrenen çocuğunuz ile hiç öğrenemeyen arasındaki rekabetin doğuracağı sonuçlar ailenin mutluluğunu zedeleyecektir. Her çocuğunuza ayrı müzik aletleri öğretmek isteseydiniz çok daha iyi olurdu. Örneğin, en büyük oğlunuz keman, kızınız piyano, küçük oğlunuz ise viyolonsel öğrenebilirdi. Piyano sadece yardımcı bir alet olmalıydı.

Böylece rekabet önlenebilir veya anlaşılmaz düşmanlığın önüne geçilebilirdi.

Yıllar önce, büyük çocuğun küçük kardeşiyle oynamayı, ona ders çalıştırmayı sevdiğini ve böylece aralarındaki kıskançlığın bu tür sevgi denemeleri ile bertaraf edildiğini severek anlatıyordunuz. Şimdi bunun, yanlış olduğunu söylemeliyim. Yani, evdeki kardeşlerin derslerinde birbirlerine yardımcı olmalarının da karşısındayım. Bu, anne ve babanın çocukların derslerine yardımcı olmaları kadar yanlış bir davranış biçimidir. Birçok ailede, büyük çocuklar, küçüklere karşı üstünlük kurmak ve onlara hükmetmek ister. Küçük kardeşlerine ceza veren ve onlara eziyet eden büyük çocukların ciddi bir uyarı süzgecinden geçirilmeleri gerekir.

Gerektiğinde azarlamak veya cezalandırmak sadece anne ve babanın hakkı olmalıdır. Bu kuralı iyice bilmelisiniz. Bir çocuğun diğerlerine karşı örnek gösterilmesi de yanlıştır.

Benim "erkek kardeş hastalığı" adını verdiğim, hayatı harap eden bir hastalık vardır. Buna doğrudan "kardeş hastalığı" da denilebilir. Çünkü bu hastalık kız kardeşle erkek kardeş arasında da görülebilir. Öyle kararsız ruhlu insanlar vardır ki, kardeşleri yüzünden hasta olmuşlardır. Bu yaradılışta olanlar, kendilerini daha güzel ve daha kuvvetli görürler. Bu hastalığa herhangi biri yakalanabilir.

Rakibin her alandaki gelişmesini gizliden gizliye araştırır, bazen de kendi adi düşüncelerinden utanır, fakat bundan bir türlü kurtulamaz. Çocuk artık "kardeş kompleksi"nin esiri olmuştur. Bu düşünce, kardeşin ölümünü isteyecek kadar ileri bir boyut kazanmış olabilir. İnsan, bu nefreti ancak sevgi ile yenebilir.

Bazı ailelerde ise insanı çileden çıkaracak kadar huysuz çocuklar bulunur. Araştırmalar, böyle çocukların anne ve babalarını rahat bırakmamak, onlara bir çeşit ceza vermek için sürekli karşıt hareketlerde bulundukları gözlemlenmiştir.

Size buna benzer bir olay anlatayım:

Hastalıklı bir memur olan kocasının ölümüyle dul kalan iki çocuk sahibi bir kadın vardı. Ellerine geçen emekli maaşı ile geçinemiyorlardı. Kadın evin bir odasını kiraya vererek, terzilik yaparak ek para kazanıyordu. Böylece iki çocuğunun okumalarını sağlıyordu. Hiçbir fedakarlıktan kaçınmıyordu. İstese ikinci defa evlenebilirdi ama üvey babanın çocuklarını sevmeyeceğinden korkuyordu. Hayatının bütün mutluluğunu çocukları üzerine yoğunlaştırmıştı. Fakat bir türlü yolunda gitmeyen şeyler vardı. Büyük oğlu okulda da parmakla gösterilen biriydi. Küçük oğlu ise annesinin büyük kardeşine gösterdiği ilgiden rahatsız oluyordu. Kardeşiyle sürekli tartışıyordu. Evde de okulda olduğu gibi yaramazdı. Büyüğü ne kadar çalışkansa, küçüğü de o ölçüde yaramazdı. Anne, elinden geldiğince iki çocuğunu da iyi yetiştirmeye çalışıyordu ama küçük çocuğa karşı biraz daha dikkatli idi. Ona özel bir öğretmen de tutmuştu ama sonuç değişmemişti. İlk sıralar büyük kardeşi bu davranışlarından dolayı annesine karışmıyordu ama bir süre sonra, çalıştığı, başarılı olduğu için korunması gerektiği düşüncesiyle, aynı davranışın yaramaz ve tembel olan küçük kardeşine de uygulandığını görünce rahatsız olmaya başladı. Hastalandı ve yatağa düştü. Çaresiz kalan anne, her iki çocuğunu da idare edemiyordu. Büyük çocuğu bir süre sonra ciddi şekilde hastalandı ve belinden altı tutmamaya başladı. İkisi de hasta olan çocuğunun üzüntüsüyle kahrolan anne ne yapacağını şaşırmıştı.

Birkaç hafta sonra beklenmedik bir gelişme oldu. Küçük çocuk yavaş yavaş iyileşmeye başlamış, yataktan kalkıp yürümüştü. Daha fazla iyileşince kendine bir iş buldu ve eve para getirmeye başladı. Büyük çocuk ise, psikoterapik tedavi sayesinde ayağa kalkmıştı. Annesi ve kardeşini bırakarak başka şehirlere gitti. Kendine yeni bir düzen kuran büyük kardeş, hâlâ annesine kızıyor ve bir türlü onu affedemiyordu.

Anneler uslu olan çocuklarını nasıl olsa kazanılmış oldukları düşüncesiyle çoğu zaman ihmal eder ve yaramaz olanları daha çok severler.

Sevgili kardeşim,

Küçük çocukların caniliği üzerinde de bir şeyler söylemek isterim. Özellikle Dünya Savaşı'ndan sonra çocuk canilerin sayısı arttı. Sosyolog ve krimonologları harekete geçiren bu durum, hırsızlık gibi suçlardan daha farklıdır. Savaş sonrası antisosyal ortamın savaşa sürdüğü çocuklar, cephelerde büyükler gibi düşmana saldırdılar.

Önceki mektuplarımda, gerçek sevgiden mahrum olan, cemiyet ve devlete karşı nefret besleyen çocukların tehlikede olduklarını ve gayrimeşru çocukların daha fazla suç işlediklerini anlatmıştım. Sevgiyle büyümüş çocuklar arasında antisosyal bireyler ortaya çıkması, ender görülen olaylardandır.

Çocuklara suç işleten toplumlarda, başka rant kavgaları ortaya çıkar. Katil çocuğun eğitiminden elde edilen parlak sonuçlar, bütün insanlığın sevgi yokluğundan meydana gelir. Onlar, insanlık tarihinin vazgeçilmez varlıkları olarak görülürse, eğitimleri sonunda önemli bir kazanç elde edilir.

Allesandrina Ravizza, çocuk hırsızlarla ilgilenen, onları sevgi ve sabırla tedavi etmeyi bilen bir izcidir. Bu kadın bir gün gazetede kendisine hayat amacı çizen ve yüreğini sarsan kısa bir haber okudu. Küçük harflerle dizilmiş olan bu haber, ondört yaşında bir çocuğun kendisini hapishanede astığını bildiriyordu. Ölümünden önce yazdığı kağıtta şöyle diyordu: "Kendimi öldürüyorum. Çünkü suçsuz ve namusluyum!"

Bu sözler, kadının kalbinde samimi bir karşılık buldu. Yorulmak bilmez bir sabırla suçlanan çocukları temize çıkarmak için çalışmaya başladı. Sevgiler dağıtarak, saygı kazandı.

Bir insan neden katil olur? Bu soru, Dostoyevski'nin "Ölüler Evinden Notlar" isimli eserinde cevabını aradığı bir sorudur. Dostoyevski, en katı kalplerde bile sevgi tohumlarının yeşertilebileceğini anlatır.

Kendini yeteri derecede sevilmemiş ve anlaşılmaz zanneden her insan topluma karşı sorumsuzdur.

Şimdi üzüntülerinize gelelim. Büyük bir gururla yetiştirdiğiniz oğlunuzun hırsızlık yaptığını şaşırarak bunu dehşetle anlatıyorsunuz. Bunu biraz doğal karşılamalısınız ve onunla konuşmayı denemelisiniz. Bunun altında bir kardeş hastalığı olduğunu da bilmelisiniz.

Sabırlı olmalısınız. Herşeyi konuşarak çözebileceğinizi daha önce de anlatmıştım. Gençlerin ergenlik dönemine geçişleri sırasında önemli sorunlarla karşı karşıya bulunduğunu biliyorsunuz. Ruhunda fırtınalar ve depresyonlar yaşayan gençler, yeni bir insan haline gelir. Asil insan, kendini yenmeyi bilen insandır. Nefse hakim olmak? şahsiyet duygusunu da meydana getirir. Böyle insanlar kendi benliğinin isteklerini bastırır ve başkalarını da düşünmeye başlar. Öncelikle ailesini düşünür. Topluma saygılı olur. Ailenin, her türlü iyilik ve kötülüğün kaynağı olduğunu kabul etmeye başlar.

Eğer, çocuğunuz ruhundaki çatışmayı sonlandırırsa, kardeş hastalığını da kolayca aşabilir. Bu dönem sadece geçiş sürecidir. Köprü onun önündedir ve iş, bu köprüden geçip kurtuluş diyarına ulaşmaktır.

Dr. Wilhelm Stekel

Yirmidördüncü Mektup

Sevgili kardeşim,

Çocuğunuzun ruhsal durumu hakkında sizi bilgilendirmek istiyorum. Oğlunuzun teyzesine gitmesi çok yerinde oldu. Evden ayrıldığı için hiç de üzgün değil, aksine yeni bir çevrede olduğu için mutlu. Aileden ayrıldığında karşılaşacağı zor durumların meydana gelmemesi sizi de mutlu ediyor.

Mektubunuzda bir arkadaşınızın kızından bahsediyorsunuz. Bu arkadaşınız, kızını yatılı bir okula göndermişti. Çocuk bir süre sonra evine döndüğünde oldukça zorlanmış ve anne-babasını, kendisini okula gönderdiği için suçlamıştı. Bu tür düşünen çocuklar, kendileri için zor olan ayrılıklara alışmakta zorlanırlar. Anne rahat vakit geçirebilmek için, hiç de ihtiyacı olmadığı halde çocuğunu yatılı okula göndermiş ve böyle hoş olmayan bir sonuçla karşılaşmıştı. Bu tür çocuklar, şımartılmış ve her istekleri yerine getirilmiş çocuklardır. Ayrılığa dayanamaz ve kendilerini yalnızca evlerinde güvende hissederler.

Bir zamanlar, huysuz ve inatçı bir Viyanalı kızı tedavi etmiştim. Kızın annesi sinir hastası idi. Kafasını dinleyebilmek için kızını bir doktorun önerisi üzerine, üç yıl boyunca kalmak üzere Dresden'deki bir pansiyona göndermişti. Kız, yeni bir çevrede, arkadaşlarıyla hoşça vakit geçirdiğini ancak annesini, böyle bir şeye karar verdiği için asla affetmeyeceğini söylüyordu. Annesi ruhsal olarak ciddi bir hastalık geçiriyordu. Özellikle sabahları kesinlikle rahatsız edilmek istemiyordu. Öğle yemeğine kadar hiçbir şey hakkında konuşmak istemiyordu. Else, dışarı çıkması gerektiği zaman ne giyeceğini, anahtarın nerede olduğunu soruyordu ve bu sorular annesini oldukça kızdırıyordu. Annesine bu konuda sitemler eden genç kız, arkadaşlarına imreniyor ve onlardan örnekler veriyordu sürekli olarak. Annesi, onun geleceğiyle ilgili hiçbir şey düşünmüyor, hiçbir plan yapmıyordu. Birbirlerinin kalplerini de kırıyorlardı ve bu onulmaz yaralar da açıyordu kalplerde. En sonunda annesini ağlatıyordu Else, kendisi de biraz olsun rahatlıyordu.

Kızın annesine karşı patolojik bir sevgi beslediği belliydi. Bu duruma, annesinin mutsuz bir evlilik geçirmesi sebep olmuştu. O, daha ilk yıllarında şımarık bir çocuk olarak yetiştirilmiş ve karşılaştığı yeni manzara karşısında hastalıklı bir ruh haline bürünmüştü.

Else, gerçekte nasıl bir kızdı, işte bunu çözmek çok zor. Annesi, kızının masumluğuna inanmış ve bu yüzden bana getirmişti. 18 yaşına gelmiş olmasına rağmen, erkekler onun için bir anlam ifade etmiyordu. Çekingendi ve bu çekingenlik artık abartılı bir hal almıştı. Genç bir kız olan Else, bu çekingenliğiyle bir şeyler saklıyor gibiydi.

Herkes, başkası için bir bilinmezler yumağıdır. Özellikle çocuklarla aile büyükleri arasındaki güven unsuru zedelendiğinde ne kadar çalışılırsa çalışılsın eski mutluluk tablosunun oluşturulması zorlaşır. Sırlar, bu tür deneylerin başında gelir. Bazı anneler çocuklarının kendisinden hiçbir sırrını saklamadığına inanırlar ama insanların herkesin sakladığı sırları mutlaka vardır.

Ben, evlenmeyi, "gençlik için bir geçit istasyonu" olarak görüyorum. Bence herşeyi kendi doğası içinde bırakmalıdır.

Zorlanan insan yanlış yollara sapabilir. Evde olduğu kadar, okulda da yapılacak olan şey, zararlı ve faydalı olanı gösterip, uygulamayı çocuğa bırakmaktır. Her yerde doğru ve ortalama alanı bulmak yaşama hünerinin en büyük sırlarından biridir. Oğlunuz, şimdi müziğe tutkun. Beethoven'in olağanüstü güzel besteleri ona yeni sırların ve keyifli anların kapısını aralıyor. Kitap okuyor ve ruhundaki fırtınaları kendi hayal aleminde şekillendiriyor, bunun ne kadar önemli ve gerekli olduğunu söylememe izin verin.

Bu yaşlarda, "büyük bir tarihi kişilik" olmak hayali oluşur. Oğlunuz da, büyük hayaller peşinde koşmak istiyor, bırakın koşsun. Fakat, yükseklerde uçarken bir felaketle karşılaşmasın diye kanatlarını biraz kırpın yeter. Fakat isteklerin dışında bir de çalışma disiplininden söz etmek isterim. Başarının sonundaki mutluluk, bir işi kendinin meydana getirmesinden doğan sevinçle birleşmelidir.

Gençler, ilk başarılarının abartılmasından hoşlanırlar. Yazdığı ilk şiirin önemli bir dergide yayımlanması, çaldığı bir müzik aletinin takdirle dinlenmesi onu oldukça mutlu eder. Henüz on iki yaşında iken şiirler yazan yetenekli bir genç tanırım. On beş yaşına geldiğinde müzik okulunu yarıda bırakmıştı. Çünkü ailesinden hiçbir teşekkür ve övgü alamamıştı.

Uygun sözü, uygun zamanda söylemeyenlerin çokluğunu da kabul edelim. Hiçbir hata yapmadığını söyleyen insan var mıdır? Biz çoğu zaman karanlıkta sendeleyerek yürüyen insanlarız. Yanlış gördüğümüz birçok şeyin bir süre sonra doğru olduğunu görürüz. Şunu kesinlikle kabul etmeliyiz; çocuklar, takdir edilmek isterler. Ancak, sevginin hakim sesi eşlik ederse, zora göğüs gerebilirler.

Dr. Wilhelm Stekel

Yirmibeşinci Mektup

Sevgili kardeşim,

Çocuk barındırma yerleri ve gençlik kampları olarak bilinen "Jugendhort" ile uzun gezintiler yapan bir spor örgütü olan "Wandervögel" ve bunlara bağlı gençlik teşkilatları hakkında neler düşündüğümü merak ediyorsunuz. Ben, bu tür hareketlerin hepsini destekledim ve özellikle ergenlik çağına gelmiş olan gençlerin böylesine yararlı işlerle meşgul olmalarını önerdim.

Eğitim başlıca nedeni, çocuklardaki toplumsallaşma duygusunun ortaya çıkmasıdır. Adı geçen kuruluşlar, sosyal eğilimlerin gelişmesine hizmet ederler. Bu kurumlarda yetişenler, toplumda başka insanların olduğunu da kabul ederek ve en önemlisi görerek geleceğe hazırlanmış olurlar.

Bu kurumlardaki gençler, bir ideal sahibi olurlar. Doğanın güzelliğini, yürüyerek gezmenin zevkini, iyi bir işte çalışarak kendini memnun etmenin mutluluğunu öğrenirler. Dostlukları ve idealleri paylaşırken ailesini de ihmal etmeden, onların dışında öğrenirler.

Ailelerinin dar çerçevesinden çıkamayan gençler için büyük sorunlar kapıdadır. Gençlik teşkilatları, gencin yeni bir hayatı tanımasına yardımcı olur. Yeni bir hayat da geleceğin kavranmasına ve tanınmasına katkı sağlar. Ailenin dışına çıkan genç, aile-toplum-devlet-insan yönlerinde yeni bir şekil almaya başlar, dar çevreden, geniş bir çevreye çıkmış olur. İlk dost, ailenin hemen dışında belirir. Bu kurumlar içinde ayrıca dost grupları vardır. Fakat gençleri, beyinleri daha yeni yeni kendi ben'leriyle buluşan bu genç dimağları kendi çıkarları doğrultusunda yönlendirmek isteyen ideolojik kurumların olduğunu da belirtmek isterim. İşte ben, böyle ortamlarda yetişen gençlerin bir süre sonra izm'lerin etkisine girdiğini maalesef çok gördüm.

Çocuklara, daha okul yıllarından itibaren nefret tohumları aşılanır. Sevginin gerçek çiçeğini koklamaktan men edilen genç beyinlere, asıl düşmanın kendi içimizde olduğunu öğretmek gerekir. Çok şükür ki, yeni toplum yapısında asil ve ideal yapıyı savunan kurum ve kuruluşlar bulunmaktadır.

İdealler, insan için kaçınılmazdır. Kişilik gelişmesinde ve hedef seçiminde idealler belirleyicidir. Bugünkü materyalist dünyanın en hüzün verici karekteristik özelliği ideal yoksunluğudur. Çocuğunuzun kalbine küçük yaşlardan itibaren sevgi ve ideal aşıladığınızda, onlara toplumda seçkin bir yer vermiş oluyorsunuz. Onları tehlikelerden korumanın en kestirme yolu da ideal donanımıdır.

Kötü kitaplar, yaramaz arkadaşlar, anne-babaya karşı itaatsizlik çocukları yoldan çıkarır. Onlara idealist ve olgun bir düşünce aşılamak, ailenin ahlakî örneklerini anlatmak yeterli bir taktik olabilir.

Sevgili kardeşim,

Biliyorsunuz, ben spora düşkün biriyim. Bana öyle geliyor ki, bugünkü gençlik, spor konusunda da ölçüsüz davranıyor. Rekor denemesi ile girişilen her spor gereksizdir. Bugünlerde kırıcı kuvvete daha fazla önem veriliyor gibi geliyor bana. Şikago'da şampiyon olan bir zenci boksör, eski zamanlarda zafer kazanmış bir komutan gibi 30 bin kişilik bir kalabalık tarafından karşılanmıştır. Fakat büyük bir şair veya bilimadamı aynı yere gelmiş olsa, birkaç gazeteci ve meraklı tarafından karşılanır. Viyana'da çok tanınmış bir futbolcu olan Breitbard'ın gördüğü ilgiye ne demeli? Herkesin ağzında onun isminin dolaştığı bir gün, Almanlar'ın en ünlü şairlerinden birinin verdiği konferansı birkaç kişinin izlemesi ne ile açıklanabilir?

Fiziksel başarılara önem veren ve fakat manevî dinamikleri dikkate almayan modern toplum anlayışının yeniden incelenmesi gerekir. Öyle aileler vardır ki, içinde spordan başka bir şey konuşulmaz, hiç kimse kitap okumaz, tiyatroya gidilmez, müze gezilmez, müzikle ilgilenilmez... Gazeteler, hergün birkaç sayfasını spora ayırırken, kültür ve sanata sadece bir sayfa yer verilir veya haftada birkaç küçük haber ve yazı olarak geçiştirilir.

Bunun sonucu şudur: Yalnız spora ait güzel başarılara ve yeteneklere itibar ediliyor fakat, bir süre sonra toplum, fazla spor yapan hastalıklı insanla dolup taşıyor.

Sizin, bedensel gereklere verdiğiniz değer kadar düşünceye de önem vereceğinizi tahmin ediyorum. Evinizdeki okuma günleri ve müzik dersleri herkes tarafından merakla bekleniyor. Tenis gibi sporların, doğanın güzelliklerini bulmak ve bedenin ihtiyacı olan hareketi karşılamak için yapıldığını biliyorsunuz.

Bir hastalık sebebiyle veya doğuştan sakatlık yüzünden arkadaşlarıyla oynayamayan çocukları ihmal etmemek gerekir. Onların oynayabilecekleri oyunların varlığından haberdar olmalısınız. Onlar, manevî ortama daha erken girmiş sayılırlar. Kendilerini farklı hissederek, fani dünyanın zevklerini iç güzellikleri ile tamamlamaya çalışırlar.

Benim gençliğimde bir arkadaş grubumuz vardı ve biz burada olduğumuz sürede çok mutlu olurduk. İdeallerimizi orada konuşur, şiir okur, şarkılar söylerdik. Bu sosyal ortamda her şey çok güzeldi. İçimizde ne kavgacı, ne de dedikoducu vardı. Herkes kendi halinde, büyük bir anlayış içinde birbirlerini seviyorlardı. Aramızda farklı milletlere ait olanlar da vardı ama sonuç sevgiden yana hiç değişmiyordu.

Sizin de göreviniz böyle ortak bir paydada birleşmek. Oğlunuza, insanları sevmeyi öğretmelisiniz. Nefretle yapılan her şeyi onun ruhundan söküp atınız. Onu kelimenin tam anlamıyla dünya vatandaşı yapınız. Ümitsizliğin önünüze koyduğu bütün engellemeleri ortadan kaldırınız ve inancınızı kaybetmeyiniz.

Dr. Wilhelm Stekel

Yirmialtıncı Mektup

Sevgili kardeşim,

Şimdi daha önemli ve ciddi bir meseleye başlayacağız. Bir süredir, oğlunuzun siyasî konularla ilgili olarak babasıyla tartıştığını söylüyorsunuz. Mutlu yuvanızın kendi halindeki seyrini bozan bu yeni durum karşısında ne yapacağınızı şaşırmışsınız. Doktorunuz olan aile dostunuzun evinde de buna benzer bir olay yaşanmış. Bunu eleştirmişsiniz. Aile doktorunuz sosyal demokrat olduğu halde, büyük oğlu, komünizm propagandası yapıyor. Siyasi inanışları babasıyla taban tabana zıt olan genç, babasının bütün korumalarına rağmen, yüksek öğrenimini yarıda bırakarak kendini tamamen partinin isteklerine göre programlamış durumda. Bir sokak gösterisinde tutuklanan genç mahkemeye çıkarılıyor. Herkes bu olayı öğreniyor ve aslında genç de sonucun böyle olmasını istiyor.

Parti şeflerinden olan, belediye veya parlementoda düşüncelerini sakin ve makul bir şekilde savunan, sağlık sorunlarından çok sosyal konularla ilgilenen baba, şimdi oğluyla karşı karşıyadır. Doktorun on altı yaşındaki küçük oğlu da ağabeyi gibi komünizm mücadelesinin içine girmiştir. Yüreği parçalanan anne, oğlunun okuldan ayrılmak istemesini anlayamıyor, baba ile çocukları arasında bocalayıp duruyor. Bir zamanlar parmakla gösterilen mutluluk tablosu sona ermiştir.

Acaba, evlilikleri boyunca mutlu muydu bu aile? Bu konuda da bir şeyler söylemek gerekir ama şimdi başka bir konu üzerinde durmak istiyorum. Politikacılar, sürekli böyle bir tehlike karşısındadır. Önemli görevlerde bulunan insanlar, kendi mesleğini ve eşini düşünen politikacılar, sakin ve mutlu aile tablosunu her an bozma tehlikesi ile karşı karşıyadırlar. Evliliğin sırrı, evle meslek arasında, dış dünya ile kendi aile dünyası arasında doğru bir dengenin kurulmasıdır.

Sözü geçen baba, yani doktor, çevresinde sevilen bir insandır ve aynı zamanda bir politikacıdır. Konferansları, ziyafetleri, toplantıları olan bu adam, bütün vaktini bu tür işlerle harcar. Ailesine zaman ayıramayan doktor, eskiden olduğu gibi onlarla ilgilenemez, iki çocuğunu da karşısına alıp onlarla oyun oynayamaz hale gelir. Kendilerini ihmal edilmiş olarak gören bu iki çocuk sık sık, "Babamızın herkese vakti vardır ama kendi çocukları için asla..." tekerlemesini söyler olmuşlardı.

Terkedilmiş olma duygusu, insanın itiraf etmek istemediği bir kıskançlığa dönüşür. Mutluluk, siyasi rekabet baş gösterinceye kadar devam eder.

Özellikle, babasız ve acımasızca büyütülmüş olan çocuklar anarşist olurlar. Kendini aşağı görme duygusu veya küçük ben yerini kitle ben'ine dönüştürür. Kişisel suçluluk duygusu onu inançsızlığa kadar götürebilir.

Politikacının oğlu da, terkedilmişliğin sonucu olarak asileşmiş ve intikam hırsıyla dolu olduğu halde farklılaşmıştır. Bir insan babasından intikam alabilmek için, onun en kutsal bildiği değerleri küçümseyerek hedefine ulaşabilir. Böylece, işinde ve çevresinde başarılı bir imaj sergileyen baba, evlat yetiştirmedeki beceriksizliği ile ortaya çıkmış olur. Bu örnekte de görüyoruz ki, heyecan, baba kompleksinden siyasi bir alana iniyor. Bu çocuklar, babalarının sık sık kullandıkları "düşünce özgürlüğü" anlayışından hareketle, silahı babalarına çevirirler.

Öyle zannediyorum ki, sizin oğlunuz da babasını kızdırabilmek için böyle bir yolu denemiş. Kendisini ihmal edilmiş olarak görüyor olabilir. Diğer kardeşlerine gösterilen ilgiden üzerine düşeni alamamış olabilir, gibi fikirlerimi burada sıralıyorum. Kıskançlık asla ölmez! O, tıpkı bir masal yılanı gibidir. Her koparılan başın yerine yenisi çıkabilir. Bütün bunlardan sonra şuna inanın: Oğlunuz, babasını çok seviyor!

Ben, görünüşte baba nefreti olan fakat aslında bir sevginin beslediği bu tip olayları çok gördüm.

Bir genç tanımıştım. Babasının demokrat oluşu, onun görev almak istediği nasyonalist partiye girmesini engelliyordu. Bir süre sonra babası öldü. O andan itibaren bütün muhalefet duygusu önemini yitirdi. Genç, bir süre sonra vicdanıyla başbaşa kalmış, ölümünden sonra babasını sevmeye başlamıştı. Fazla geçmedi, üyesi bulunduğu nasyonalist partiden istifa ederek, babasının partisine geçmişti. Gencin babaya karşı inatçılığı, onu karşılıksız ve abartılı bir sevgi ile sevmesiydi. Apaçık kendisine tercih edilen kızkardeşini kıskanmasının bu olayda önemli bir rolü vardır.

Okullarda, öğretmenlerin kendilerine emanet edilen çocuklara karşı daha fazla ve daha yakın bir anlayış göstermeleri gerekir.

Öğretmenler de iki gruba ayrılır. Bir kısmı kendi çocukluklarını yaşadıkları acılarla geçirmişlerdir. Bunun için yeni yetişen çocukların daha başarılı olmalarını isterler ve bu için ellerinden geleni yaparlar. Fakat diğer öğretmenler daha farklı düşünüp, "niçin başkaları benden iyi olsunlar?" düşüncesi ile bencil davranırlar. Onlar, kendilerini yalancı bir dünyanın tek hakimi olarak görürler. Halbuki anne-baba ve öğretmenler, bütün ihtiyaçları anlayan, kavrayan insanlar olmalıdırlar.

Ortaokul sırasında öğretmenler, modern psikolojinin gereği olarak cinsel konularda çocukları uyarmalıdırlar. Okul, analiz yapmamalı fakat analizin ortaya koyduğu gerçekleri iyi değerlendirmelidir. Sizin, ortaokul hakkındaki şikayetlerinizi iyi anlıyor ve hak veriyorum. Oğlunuz ve kızınıza öyle ödevler veriliyor ki, çocuklar spor yapmaya ve oynamaya vakit bile bulamıyorlar. Öyle gereksiz şeylerle küçücük beyinleri işgal ediliyor ki, bunların hiçbiri gerçek hayatta onların işine yaramayacak bilgilerdir.

Sevgili kardeşim,

Okullarda artık çağı geçmiş, eskimiş konular öğretiliyor. İlköğretim okullarında çocuğun ihtiyaçlarına göre şeyler öğretiliyor ancak orta dönemde farklı bir anlayış hakim. Herkes muhasebeden biraz anlamalı, kendi hesabını yapabilecek yetkinlikte olmalı ama eski kurallar ve aritmatik formüller o kadar önemseniyor ki, çocuk kendi kendini geliştiremiyor. Şu anda bu kuralları değiştirmemiz mümkün görünmüyor. Ancak, öğretmenlerin, çocukların ihtiyaçlarına karşı daha duyarlı davranmaları gerekir.

Hırsızlık olayı, hemen hemen her okulda görülen bir şeydir. Sürekli hırsızlık yapan bir çocuk, dövülerek ve hakaretler edilerek okuldan kovulmuştu. Daha küçük yaştan itibaren çalmaya eğilimli olan (Kliptomani) çocuğu tedavi ettirmek üzere annesi bana getirmişti. Araştırmalarımın sonunda, babasının çocuğu sürekli dövdüğünü ortaya çıkarmıştım. Okuldan geldiğinde suçunu itiraf etmesi isteniyor, anlattığında da dövülüyordu. En büyük cezalardan biri de harçlık vermemekti. Babasına göre, çocuk sürekli suç işliyor ve bunun sonucu olarak da dayak yiyordu. Harçlıksız da kaldığı için okulda arkadaşları çikolata ve gofret yerken o da bir köşede sessizce oturuyordu. Bu durumdan sıkılan çocuk yavaş yavaş çalmayı öğrenmişti. Bu, aslında babasına ve onun karşısına dikilen kurallara karşı bir isyandı. Bu durum uzun zamandır devam ediyordu.

Öğretmenlerin, çocuğun bu durumunu bilmeden onu cezalandırmalarını kabul edemiyorum.

Daha da acısı, bir çocuğun babasını protesto etmek için katil olduğuna inanır mısınız? Yetenekleri tartışılmayan başarılı bir genç katil olabiliyor. Bir bilinmezle karşı karşıyayız. Cinayet öylesine ustalıkla işlenmiştir ki, psikologlar ve kriminalistler işin içinden çıkamıyorlar. Baba, burada koruyucu rolünü üstlenmiş, avukatlara para yedirmiştir. Hiç kimse, oğlunun babadan intikam almak için böyle bir suçu işlediğine inanmamıştır.

Bilirsiniz, Hz. İsa'yı en çok Yuda seviyordu. Bu sevgi o kadar derindi ki, Yuda diğer kardeşlerini ve diğer havarileri kıskanıyordu. Hz. İsa'nın kalbinde ilk ve son olabilmek için onu ele vermeyi bile göze almıştı.

Herkesin içinde böyle bir Yuda kompleksi vardır. "Herkes sevdiğini öldürür" diyor bir İngiliz şair. Sevgide ifrat tehlikelidir, çünkü nefrete dönüşebilir. Ayıklıktan, ihanete geçiş de zor değildir.

Kendisini çok sevdirenler, nefretle karşılaşabilirler. Bundan sakınmak gerekir. Pedagojide çözümlenmemiş birçok olay vardır. Fakat bildiklerimiz arasında şu önemli bir yer tutar: Çocuklarını anlayan, onlara makul bir sevgiyle bağlanan kimseler, çocuğunu Yuda'ya benzemekten korumuş olurlar.

Dr. Wilhelm Stekel

Yirmiyedinci Mektup

Sevgili kardeşim,

Çocuklarınızın, sizin sözünüzü dinlemediklerinden şikayet ediyorsunuz. Onlar, henüz kendi kendilerine karar veremeyecek kadar küçüktürler. Kendi bildikleri gibi hareket etmek istiyorlar. Kızınızın fazla rahat olmasından korkuyorsunuzuz, bütün annelerin endişesi aynı doğrultudadır. En doğru ve makul şey, anne ile kız veya baba ile oğul arasında sağlam bir doğruluğun hakim olduğu bir eğitim sistemidir.

On beş yaşına gelen kızınızdaki değişimleri farkediyorsunuz. O da size, olan biten herşeyi anlatıyor. Ondan yararlanmak isteyen insanların olduğunu hatırlatıyor ve dikkatli olmasını istiyorsunuz, kesinlikle korkutmadan ve ürkütmeden bazı gerçekleri açıklıyorsunuz. Doğru olan da budur.

Oğlunuzun geleceğinden de endişe ediyorsunuz. Okulda yaramazlık yapıp başını belaya sokarsa diye korkuyorsunuz. Oğlunuzun okuduğu okulun kurallarına uymayan fikirleri olduğunu biliyorsunuz. Son mektubumda dile getirdiklerim size karamsar bir tablo çizmiş olabilir ama gerçek bu.

Amerika'da hemen hemen her gencin özel arabaları olduğu zannediliyor ve serbest hareket ederek kafalarına göre yaşadıkları sanılıyor. Bazı gençlerin, şu anda elde ettikleri haklara kendi kendilerine ulaştıkları söylenebilir. Bu gerçeği eski bakış açısıyla açıklayamayız. Cinsel hayatın, ahlaksızlık olmadığını kabul ediyorum, eğer edepsizlik olarak değerlendirilmezse...

Sevgili kardeşim,

Bazı okullarda öğrenciyi hemen mahkum etmeyerek onu anlamaya çalışan yeni bir ahlak anlayışı görülmeye başladı. Fakat bazı okullarda bu durumun farkında olmayan anlayış hâlâ devam ediyor ve en küçük bir suç için bile öğrenciler hak etmedikleri şekilde cezalandırılıyorlar. Prusya Eğitim Bakanlığı'nın yayımladığı bir broşür bu devrin bir işaretidir. Burada W. Hoffmann ile W. Stern'in birleşen fikirlerini görüyoruz.

Size burada, okullarda olabilecek bütün imkanlar hakkında daha fazla bilgi vermek istemiyorum. Sonra okul ve öğretmenler hakkında yanlış fikirlere sahip olacak ve dünyadaki bütün öğretmenlerin kötü olduklarını kabul etmeye başlayacaksınız.

Çok şükür ki, şu sıralar okullarımızda yeni bir ruh hakim olmaya başlamıştır. Bizde de cezanın ıslah edici bir özelliği olmadığını bilen çocuk mahkemeleri ve çocuk hakimleri vardır. Eski pedagoji baştan sona cezadan oluşuyordu. Disiplinin müeyyidesi ceza idi. Şimdi, anlamak, araştırmak ve tanımak önemli hale gelmeye başladı. Bu hedefe çocukları koruyarak, kendi hareketleriyle örnek olarak varan öğretmenler, öğretmenliğin şerefli ünvanına sahip olmuşlardır.

Dr. Wilhelm Stekel

Yirmisekizinci Mektup

Sevgili kardeşim

Çocuklar için kötü çevrenin ne anlama geldiğini biliyor ve haklı olarak bundan korkuyorsunuz. En küçük kızınız saf ve sessiz olduğu için okulda her denileni yapıyor. Eğitim iyi yetenekleri de geliştirebilir, kötü alışkanlıklarla mücadele edilmesini de sağlayabilir. Çocuklarınız dört farklı mizaç sergiliyor. En küçük kızınız sürekli sessiz ve güven vericidir. En küçük oğlunuz kendini ihmal edilmiş sanıyor. Bütün çocuklarınız arasındaki bu farklılık yaratılıştan olduğu kadar çevrenin etkisiyle de şekillenebiliyor. Çocuklarda, kendilerini ayrı tutmak eğilimi vardır. Bunu daha önce kardeş hastalığı konusunda dile getirmiştim.

Kızınız okulda, onu kötü huylarıyla ayartmak isteyen kızların grubuna düştüğünden, iki defa okuldan kaçtı. Arkadaşlarıyla birlikte, bayan öğretmene olmadık muziplikler yaptı. Bu işlere bulaşmayı istemiyor ancak arkadaşlarının alay etmesinden korktuğu için mecburen onlara katılıyor. Sizin fikrinize müracaat ediyor ve ne yapması gerektiğini soruyor. Bu konuda akıllı bir annenin ne yapması gerektiğini söylemek istiyorum.

Bayan Martha'nın küçü kızı Hedi? ona okulda kızların bir bayan öğretmene eziyet ettiklerini, her türlü yaramazlıkla canından bezdirdiklerini anlatıyor. Bu hareketler belki de çocukların aşırı cesaretlerini teşvik eden öğretmenin iyilikleri yüzündendir. Zayıf öğretmenler, sert ve acımasız öğretmenler kadar şanslı değillerdir, çünkü bu olaylarla en çok onlar karşı karşıya gelmektedirler. Yumuşak huyluluk zaman zaman sapkınlığın da derecesi olabilir. Derslerde yaramazlık yapılır, sıralarda karışık oturulur, tahtaya saçmasapan resimler yapılır, yerlere mürekkep dökülür... Hedi, bütün bunlara katılmak istemediğinde, bütün sınıf onun üzerine yürür ve onunla alay etmeye başlar: "Korkak! Korkak!"

Bayan Martha, kızını teselli ediyor ve ona arkadaşlarından farklı olduğunu anlatmaya çalışıyor. Yaptığının doğru olduğunu izah ediyor. Her iyi insan, iyilikleri yüzünden acı çekebilir, bu bayan öğretmen de kendisine yapılanlar karşısında şikayetçidir. Aradan birkaç gün geçtikten sonra, Hedi, bir masanın üzerine çıkarak sınıfı susturup başlıyor konuşmaya. Arkadaşlarına, yaptıklarının çok kötü bir şey olduğunu, utanmaları gerektiğini söylüyor ve bundan sonra hiçbir arkadaşıyla görüşmeyeceğini söylüyor.

Önceleri onu hiç kimse dinlemedi ama bir süre sonra fısıltılar halinde sesler duyulmaya, Hedi'nin ne kadar haklı olduğu söylenmeye başlamıştı. Çok geçmeden bütün sınıfın düşünceleri değişmişti. Öğretmen, büyük bir korkuyla sınıfa girdiğinde her şeyin değişmiş olmasından dolayı önce büyük bir şaşkınlık geçirmişti. Kimse konuşmuyor, uğultular halinde ses duyulmuyordu. Ortalık da derli toplu idi. O günden sonra herkes öğretmenini çok sevmiş ve onunla iyi geçinmeye başlamıştı.

Bu öyküyü bana bizzat öğretmenin kendisi anlatmıştı. Sınıf değişmeden önce intihar etmeyi bile düşünen öğretmene, okul müdürü "Çocukları siz eğitmelisiniz, disiplini elden bırakmamalısınız!" demişti ama o, sevginin en önemli ilaç olduğunu bildiğinden öğrencilerine karşı şiddet kullanmayı istememişti. Aradan geçen birkaç haftalık mutluluk döneminden sonra bu duruma sebep olan öğrencisini bulan öğretmen, bayan Martha'yı ziyaret ederek, çok asil bir kızı olduğu için ona teşekkür etmişti.

Görüyorsunuz, sevgili kardeşim, çocuklar ya iyilik veya kötülük üzere kendilerini şekillendiriyorlar. Bu sınıfta veya herhangi bir ortamda şeflik, çoğu zaman kuvvetli olan tarafından yapılmaz. Bazen, hürriyetler ve doğruluklar şefi belirler.

Şefin etrafında taklitçiler ve hayranlardan oluşan bir grup meydana gelebilir. Bu gruplar kısa sürede bütün sınıfa hakim olabilir. Onlara katılmak istemeyenler ise cezalandırılır veya hakarete uğrarlar.

Burada iki ihtimalden söz edebiliriz. Şef, ya en çok başarılı olan, parlak ve çalışkan bir öğrencidir veya sürekli karşı çıkan ve yaramaz biridir.

Ben de okul çağlarımda böyle bir durumla karşılaşmıştım. Bizim şefimiz sınıfın en kötüsü idi. Sigara ve içki içer, hastalıklarıyla övünürdü; bunları da erkekliğin en önemli özellikleri olarak sunardı.

Nice başarılara imza atmış parlak öğrenciler böyle gençler yüzünden yoldan çıkmışlardır. Gençlerin içki içmeleri, taşkınlık yapmaları, hırsız olmaları gibi kötü ahlak gösterileri Almanya'da olduğu gibi başka Avrupa ülkelerinde de görülen davranışlar arasında yer almaya başladı. Robert S. Carr'ın "Wildblühende Jugend" (Vahşi Çiçek Açan Gençlik) isimli kitabında böyle yetişen on altı yaşındaki gençlerden bahsedilir. On altı yaşındaki bir genç kötü bir arkadaş grubunun içine düşmüştü. Anne ve babası ona sahip çıkmıyordu. Babası, ilk cezasında onu dövmüştü. Fakat delikanlı bu harekete karşılık vermeye yeltenince bir daha ona el kaldırmamaya, yaptıklarını görmezlikten gelmeye başlamıştı. Bu genç, babası ile annesinin birer aşığı olduğunu öğrendiğinde, aile kavramına olan bütün güveni sarsılmıştır. O da, ailesinin diğer fertleri gibi davranmaya başlamıştı artık...

Daha önce buna benzer öyküler anlatmıştım size.

Hayatımız, Amerikanvari olma tehlikesi ile karşı karşıyadır. Berlin, daha bugünden dünyanın yeni durumuna uygun hareket etmeye başlamıştır. Gençlik gerçek ruh özelliklerini kaybetmeye başlamıştır. Geri dönüşü mümkün olmayan yola girilmiş olması ne yazık ki, gelecekle ilgili düşüncelerimizi olumsuz yönde etkilemektedir.

Çocukları kendi örneklerine göre teşvik etmek, onlara bilmediklerini anlatmak ve sevgilerini kazanmak konusunda birçok anne ve babanın suçlu olduklarını kabul etmek gerekir. Gençlerin ihtiyaç duydukları şeyin başında hayranlık ve sevginin geldiğini bilmeliyiz. Çocuklar, güzelliklere karşı sevgiye sahip olmamışlarsa bunun sorumlusu anne ve babadır. Oğluna tokat atmayı kestirme bir yöntem olarak kabul eden baba eğer onunla konuşmayı denemiş olsaydı durum daha farklı olabilirdi. Burada, size daha önce söylediğim çok önemli bir formülü yine hatırlatmak istiyorum: *Gençlere ideal veriniz!*

İdeallerin hepsinin doğru olduğunu iddia etmiyorum. Dostunuzun bana anlattığınız örneği az rastlanan bir şey değildir. Gençler, kötü yola düşmüş bir kadını kurtarmak için daha istekli davranabilirler. Bu tür kadınlar, çoğu zaman evlenilerek eski hayatından kurtarılmaya çalışılır. Çocuklarını asil bir kızla evlendirmek isteyen hangi anne ve baba oğullarının böyle bir istekle karşılarına dikilmesini affedebilir!

Bu yaşlarda, kurtarma fantazisi büyük bir rol oynar. Bu hayallerde her zaman birileri kurtarılır ve bu kurtarma, çoğu zaman sevgi kazanmak ve o insanı hayata yeniden kazandırmak için yapılır.

İstekleri karşılanmayan çoğu genç, anne ve babalarını intiharla tehdit ederler ki, bu da tehlikeli bir durumdur. Ben maalesef sonu böyle biten acı bir evlilik hayatına tanıklık ettim. Bu genç, kötü yola düşmüş bir kadını kurtarmak için onunla evlenmişti. Kadına huzurlu ve mutlu bir hayat verebilecek kadar zengindi. Fakat bu evliliğin sonu çok korkunç oldu. Kadın geçmişini unutmak için var gücüyle direnmiş ve tam bunu başaracakken bunalıma girmiş ve intihar etmişti.

Toplumsal idealleri yanlış yola sapan ve ne olursa olsun evlenmeyi kafasına koyan genç kız, bir hamalla evlenmeyi kabul etmişti. Sosyalist olduğu için düşüncelerini eylem haline getirmek istiyordu. Bu evliliğin sonunun da intiharla bittiğini belirtmek istiyorum. Alt tabakaya ulaşmak istemenin sonucu olarak ortaya çıkan bu sonuçları anlayabilmek çok güç görünmüyor. Sizin kızınızın, yüksek sınıfa mensup birine değil de fırıncı çırağına ilgi duyması böylece açıklamasını bulmuş oluyor.

Şimdi daha önemli bir konuya geldiğimizi bilmenizi istiyorum. Çocuklar aşık olduklarını söyledikleri veya anne-babanın bunu hissettiği zaman yapması gereken şeylerin ne olduğunu biliyor musunuz? Sert çıkışlar gençleri sonucu hiç de iyi olmayan felaketlere sürükleyebilir. Şüphe ve kararsızlık da ateşi söndüreceği yerde körükler. Sevilen kişiyi gözden düşürmek için çeşitli oyunlar yapmak da doğru değildir.

Oğlunuz bir kızı sevdiğini ve onunla evlenmek istediğini size defalarca anlattı. Böyle çocukca aşklara fazla önem vermemelisiniz fakat oğlunuzun, sonucunu görerek bir karar vermesinin olumlu olduğunu bilmeniz gerekir. Bu davranışıyla, kız arkadaşını sadece cinsel bir meta gibi görmekten çıkarıp, hayatını paylaşacağı insan olarak algılamaya başlaması önemlidir.

Çağımızda bu tür ilişkilerin sayısı oldukça azaldı. Gençler birbirlerine sadece cinsel anlamda ihtiyaç olarak görmeye başladılar. Oğlunuzun bir ideal olarak evliliği düşünmesine saygı göstermelisiniz. Ona şunu söylemeniz de gerekir; bir insan evlenmeden önce, geçimini sağlayacağı kaynakları da hayata geçirmeli, yani bir iş sahibi olmalıdır.

Son yıllarda, geçinme masrafına her iki tarafın da katıldığını sevinerek görüyoruz.

Ben, nişanlılık döneminin fazla abartılmaması, uzatılmaması gerektiğine inanıyorum. Çünkü sevgi denen şey, uzun süren bir nişan akdiyle zedelenebilir ve mutsuzluklar ortaya çıkabilir.

Gençler, nişanlılık dönemlerinde gelişmeye başlarlar. Henüz gelişmeye başlayan bu gençlerin idealleri kesinlik kazanmamıştır. Bu yaşta sevenler birbirlerine uygundurlar, çünkü duygusal olarak en verimli dönemlerini yaşamaktadırlar. Beş yıl boyunca nişanlı kalanların bu zaman zarfında değişik bir düşünceye yönelebilecekleri gerçeğini unutmamalısınız. Böyle uzun bir süreden sonra evlenenler, küllenmeye başlayan eski bir aşkı tekrar alevlendirmeye çalışanlar gibi zorluk çekerler. Eğer bu iki genç, aynı ideal noktasında birleşirlerse işleri kolaylaşır.

Düşünülecek önemli bir nokta daha vardır, nişanlılık dönemi cinsel arzuların da maksimum noktaya geldiği süreçtir. Her şeye rağmen bu dönemde saflığı korumak ve karşılıklı sevgiyi cinsel isteklere göre şekillendirmemek esastır. Evlenmeden önce zevklerini tatmin eden gençlerin çokluğu bizleri endişeye sürüklemektedir. Toplumumuzun ahlak kuralları ve alışılagelmiş geleneklerimiz bunu reddeder.

Şimdi oğlunuzla ciddi ciddi konuşma zamanıdır. Onu düşüncesinden vazgeçirmek yerine, hayatın gerçeklerini anlatmalısınız. Nişanlılığın, evliliğin ne gibi sorumlulukları beraberinde getireceğini anlatırsanız, sanırım zorlanmazsınız. O da olgun bir insanmış gibi davranıp, size hak verecektir.

Burada Goethe'nin çok önemli bulduğum bir sözünü hatırlatarak, mektubumu bitirmek istiyorum:

"Eğer, insanlara karşı oldukları gibi davranırsak, onlara kötülük yapmış oluruz. Fakat onlara gerektiği gibi davranırsak, o zaman götürmek istediğimiz yöne sevketmiş oluruz."

Dr.Wilhelm Stekel

Yirmidokuzuncu Mektup

Sevgili kardeşim

Çocuklarınızı, makul bir eğitim ile normal bir gelişme sürecine sokma başarısını gösterdiniz. Küçük tedbirsizlikler veya önemsiz rahatsızlıklar başgösterse de bunların üstesinden gelmeyi başardınız.

Bana yine önemli olduğunu düşündüğünüz bir olaydan bahsediyorsunuz. Bir dostunuzun oğlu evde hırsızlık yapıyor, daha başka yanlışlar da yaparak annesini üzüyor. Böyle olaylar istisna değildir. Çok sevdiği evladının hırsızlığa başlamasını görmek anne için hiç de normal bir şey değildir. Gelecek için çok şey vadeden ve yetenekli olan oğlunun bu tür davranışları karşısında eli kolu bağlanan anne çaresizlik içindedir. Bu tür olaylarla karşılaşan psikologların sayısı oldukça fazladır.

Bunun önüne geçilebilir. Bu tür çocuklar derhal çevreden uzaklaştırılmalı ve mutlaka ciddi bir tedaviden geçirilmelidir. Böyle davranılırsa, çocuğun düzelmesi sağlanabilir. Biliyoruz ki, suç bir hastalığa dönüşür ve buna karşı cezalar daima faydasız kalır. Ceza, gençlerin kalplerini daha çok katılaştırır. Çocukların suçlarından dolayı tıkıldıkları ıslahevlerinin hapishaneden başka bir şey olmadığı dönemler geçti. Şimdi, psikolog ve eğitmenlerin görev aldığı bu tür yerlerde ciddi terbiye kuralları işliyor. Böylece suçlu olarak buralara giren gençleri topluma kazandırmış oluyoruz.

Bu sahada önemli gelişmeler görülen Amerika'da, çocuklara ikinci suçları görüldüğünde ceza verilir. Eğer suçlu çocuk sabıkalı değilse cezası tecil edilir ve bununla mahkum edilmiş sayılmaz. Mahkumiyet ağır bir suçtur ve gelecekte gençlerin başına ciddi sorunlar çıkarabilir, iş bulmalarını zorlaştırır.

Şimdi asosyal gençlerden birkaç örnek vermek istiyorum. Bunlar trajik hikayeleriyle dikkatle değerlendirilmelidir. Fakat bütün ailelerin bunu öğrenmeleri gerekir. Bazı vesveseli anneler bizim ahlakî açıdan çürük diyerek tanımladığımız korkunç hastalığın pençesindedir.

Dostunuzun oğlundaki çalma, bizim ev hırsızlığı olarak tanımladığımız bir olaydır. İlk çocukluktaki hırsızlıklardan önceki mektuplarımda söz etmiştim. Burada bahsettiğimiz, ergenlik dönemini çoktan aşmış gençlerle ilgili bir suç. Bunlar anne ve babalarından öylesine cesurca çalarlar ki, onlara ne kilit, ne de kapı dayanır. Yakalandıklarında, bu suçu bir daha işlemeyecekleri sözünü verirler fakat dışarı çıktıklarında verdikleri sözü çok çabuk unuturlar.

Eğitim hatalarının yol açtığı böylesi suçlar, artık hastalık halini almıştır. Bu yüzden çocuğu, içinde bulunduğu yanlış arkadaş, çevresinden uzaklaştıracak yollar aramak en kestirme yoldur.

Bir başka örnek de, kendini zengin gösterebilmek için etrafından borç para alarak rahat içinde yaşamaya çalışan gençlerdir. Gereksiz şeyleri satın alan, rahat harcayan ve zengin insanlar gibi yaşamaya çalışan bu gençler ailelerini zor durumda bırakırlar. Baba, hiç hesapta olmayan borçlarla karşılaşır. Çocuğunun ilk borçlarını ödeyen baba, bunun devamının geleceğini bilmelidir. Onu takip eden borçlar daha büyük olabilir.

Her ne sebeple olursa olsun ilk borcun miktarı ne olursa olsun ödenmemeli. Çocuk bunalıma girse de taviz verilmemeli, toptan reddetmek yerine, ödeneceği vaadiyle savuşturulmalıdır. Bu örneklerin sebebi araştırıldığında çok trajik sonuçlar görülür.

Ahlak olarak çok yüksek yaşayan ailelerde bile buna benzer örnekler görülebilir. Benim bu zamana kadar karşılaştığım örneklerin hepsinde eğitim hataları yüzünden bu tür olaylar yaşanmıştı. Bu çocukların anne ve babasına sitem etmek de çözüm değil, çünkü toplumsal olarak bazı değerleri öylesine kaybettik ki, sonuç artık sözünü ettiğimiz alana yönelmiş durumda.

Pedagojinin genç bir bilim olduğunu belirtmeliyim. Birçok anne-baba çocuklarını en iyi şekilde terbiye ettiklerini zannederler. Fakat esaslı hatalar işlediklerini sonradan öğrenirler. Çocuklarının iyiliğine çalıştıklarını düşünerek kendilerini teselli ederler.

Marie Ebner-Eschenbach'ın "Örnek Öğrenci" isimli öyküsünün konusu şöyledir: Mutsuz bir aile. Baba, çocuğunun iyi bir öğrenci olması için çabalıyor. Ona göre çocuk, sürekli öğrenmek zorundadır. Babası, oğlunun derslerini ve notlarını sürekli kontrol eder. Bir gün çocuk zayıf not alır. Babasından korktuğu için kendini suya atıp intihar eden çocuk, aileyi perişan etmiştir. Bu üzüntüyle içine kapanan baba, annesine döner ve annesi günün birinde onun başını okşayarak şunları fısıldar:

"Sen onun mükemmel olmasını isterdin!"

Eğer ilk çocukta şiddete başvurulursa, ileriki yaşlarda bunun acısı mutlaka çıkar. Bu durumlarda çok yumuşak davranma da aynı sonuca götürür.

Hastalığın tedavisinde azarlamaların ve gürültülerin bir faydası yoktur. Anne-baba bu durumun patolojik bir olay olduğunu kabul etmelidir. Böyle durumlarda son söz, aynı zamanda bir ruh doktoru olan hekimindir. Eğer gerekli görürse, çevre değişikliğini de bu hekim isteyebilir. Çocuğu evden uzaklaştırmanın önemli etkileri olabiliyor. Amerika'ya gönderilen ve orada düzelen hırsız çocukların sayısı azımsanmayacak kadar çoktur.

İkinci defa evlenen, ticaretle uğraşan dul bir kadının oğlu, annesini son evlenişinden sonra borçlanmak suretiyle büyük sıkıntılara sokmuştu. Benim tavsiyem üzerine bu çocuk Hamburg civarındaki akrabalarının yanına gönderildi. Orada aykırı bir harekette bulunmadı ve kısa sürede düzelerek ailesinin yanına döndü. Dört yıl Hamburg'ta kalan çocuk geri döndüğünde eskisinden daha fazla borçlar alarak annesini zor durumda bıraktı.

Çocuğun bunu yapmasının nedenleri araştırıldı. Annesini istismar ediyor zannederek üvey babasını kıskanıyordu. Annesinin işyerinde çalışan üvey babanın, onun parasını yediğini düşünüyor, o da paraya ortak olmak istiyordu.

Borçlanan gençlerin çoğu kumar oynar. Gençler kumar oynanan, içki içilen kötü çevrelere kolayca alışırlar. Kumar, para hırsının en alevli olduğu oyundur. Hiç çalışmadan büyük paralar ancak kumarla kazanılabilir. At yarışlarında da durum pek farklı değildir. Son meteliklerini at yarışlarına yatıran gençleri gören, yarışseverler şaşırırlar. Bunlar, genellikle jokeyler ve konuyla ilgili kimselerle düşüp kalkar ve gırtlağına kadar borca batan kimselerdir. Bu gençleri koruyacak yasaların hâlâ çıkmamış olması şaşırtıcı değil midir?

Kumarbaz, eğer bir kerelik de olsa büyük bir para kazanmışsa, o artık hayatın tadına varmak için kendini üstün bir sınıf olarak görmeye başlamıştır bile. Şık elbiseler giyer, tanınmış kişilerle düşüp kalkmaya başlar.

Böylesi gençler, eğer daha ileri giden, örneğin kokain, eroin kullanan bir grupta bulunursa daha büyük facialar yaşanabilir. Övündükleri ve geleceklerini bağladıkları çocuklarının eroinman olduğunu gören anne ve babalar için böylesi bir hayat ne kadar hazindir! Bunun için böylesi bir acıyı yaşamamak isteyenler, kesinlikle taviz vermeden tedbirlerini baştan almalıdır. Sadece bir genci kurtarmak da konunun çözümü değildir, kaynağı kurutmak gerekir.

Birçok sosyal şartlar ve değerlendirmeler gösteriyor ki, çocuk katillerin sayısı oldukça yükselmiştir. Sadece savaş zamanlarında değil, ortaya çıkan yeni hayat tarzları da bu suça itiyor gençleri.

Polisiye romanlar hâlâ en çok satanlar listesinin başında geliyor. Son yıllarda tiyatro konuları Amerikan tiyatro eserlerinden yararlanılarak hazırlanıyor. Şiddet, aksiyon ve cinayetler sinemanın da başlıca konusu.

Son yıllarda yayımlanan gazetelerde bu konudaki haber ve yorumlar, gençleri cani yapmak için ellerinden geleni yapıyorlar. Bir katilin hayatının bütün yönleri gazetelerde görülüyor artık. Nerede yaşadığı, annesi, babası, işi, sevdiği insanlar, yaşadığı mekanlar, cinayeti nasıl işlediği bütün ayrıntılarıyla ele alınıyor. Mahkemelerde neredeyse katillere saygı duyuluyor ve hatta kahraman olarak gösteriliyorlar.

"Ethik" isimli derginin Şubat 1929 tarihli sayısında "Matbuat ve Ahlak Arasındaki İlişkiler" başlıklı yazıda, Karl Friedrich Baberadt şunları söylüyor:

"Mahkeme haberlerini yayımlamada yapılacak reform, Alman matbuatının ahlakını yeniden gözden geçirmesini sağlayacaktır. Tanınmış katillere ait davalarda çirkin şeylerden söz edilir. Fakat bazı gazete ve dergiler, olayları öylesine çarpıtıyorlar ki, sanki karşımızdaki insan iyilik timsalidir. Bu heyecanlı haberler ve yorumlar okuyucuların kafasında yeni formüller geliştirebilecek nitelikte olabiliyor. Alman Kadınlar Birliği, Harmann isimli katilin davasındaki bilgilerin gazete yoluyla açıklanmamasını, bazı gençlerin bunları tekrarlayarak suça yönelebileceklerini açıklamıştı."

Bir cinayetin dillere destan oluşu yeni cinayetleri de teşvik eder. Başkalarını sevmeyi öğretmek, her türlü nefreti ortadan kaldırmak, yüksek insanlık idealini aşılamak, eğitimin başlıca görevidir. Bizi saran tehlikelere karşı en iyi panzehir, aile yuvasının kuvvetine sarılmaktır.

İş işten geçtiği için sadist ruhlu insanlar üzerinde nasıl etkiler yaptığını bizzat ben hastalarımda gördüm. Eve alınacak gazetelerin bu anlayışla yeniden gözden geçirilmesi gerektiğini düşünüyorum.

Şimdi kütüphane meselesi üzerinde de biraz durmak istiyorum. Çocuklar evde buldukları her kitaba saldırırlar. Her kitap, her çocuk için uygun olmayabilir. Mesleğim gereği, bazı cinsel kitaplara bakmam gerekiyor ama çocukların bu kitaplara ulaşmasını istemem. Sağlıklı çocuklara sahip olmak istiyorsak, evde iyi kitaplar bulundurmak zorundayız. Bilgi, zararsızdır ama gereksiz ve zamansız bilgi felakete sebep olabilir. Kütüphanesinde cinayet romanları bulunduran kimse, günün birinde çocuklarının katil olmasını engelleyemez.

İnsanlığın yükselmesi için bilginin yörüngesinde olmak gerekir. Anne-babanın bizzat örnek oluşturmaları en mükemmel terbiye aracıdır. Anne-babanın yalnız hareketleri değil, okudukları şeyler de önem taşır.

Ziyarete gittiğim her evin kütüphanesini inceliyorum. Kitaplardan, evdeki sosyal ve ruhsal durumu çözümlemek mümkündür. Hatta çok bilinen şu sözü değiştirerek yeniden hatırlatmak isterim:

"Bana kitaplarını göster, sana çocuklarının ruhsal durumlarını söyleyeyim."

Dr. Wilhelm Stekel

Otuzuncu Mektup

Sevgili kardeşim,

Size ilk mektubumu yazmamın üzerinden çok uzun bir süre geçti. Şimdi büyük oğlunuz evlenmek üzeredir ve gelininizin elinde benim mektuplarım var. Çok geçmeden babaanne olacaksınız ve torunlarınızla farklı bir hayat yaşamaya başlayacaksınız. Böylece benim görevim de sona ermiş olacak.

Size son eğitime dair mektubumu yazdığım için şimdi karşılaşacağınız güç bir göreve dikkatinizi çekmek isterim.

Artık yepyeni bir rolü üstleniyorsunuz: Kayınvalidelik. Bu sıfat bazı kesimlerce çok da iyi karşılanmıyor. Kaynanalık müessesesi diye kabul edilen bu kurum gelinleri daha çok ilgilendirir.

Kayınvalideliğin niçin zor olduğunu size anlatmaya çalışacağım. Bizim duygularımız iki kutupludur. Sevgi ve nefret aynı duygunun karşıt da olsa izah tarzıdır. Erkek, karısının yalnız bir tarafını görmek ister. Karısını sadece sevmek istediği için bu sevgiye engel olan her şey onu kızdırır. Bir süre sonra ortaya çıkan suçun merkez noktası birine çevrilmelidir; bu da kaynanadır.

"Karımı seviyorum, fakat kayınvalidemden nefret ediyorum" diyen erkeklerin sayısı az değildir. Karısını gerçekten seven biri, onun bütün aile bireylerini de sevmek zorundadır.

Kayınvalidelerinden nefret eden erkekler, bir süre sonra silahın kendine döndüğünü farkedemezler. Kadın annesine bağlıdır, erkek bunu çekemez ve ilk kavga böyle başlar. Bu nefret ailelerin parçalanmasına kadar gidebilir.

Kayınvalide, bazen suçsuz da değildir. O da kızına bağlıdır, evden çıkıp gitmesine rağmen bütün ilgisini ve dikkatini onun üzerine çevirmeyi sürdürür. Anne, kızına akıl vermek yerine evliliğini zedeleyecek öğütler de verebilir. Kocasına fazla sevgi göstermemesi, güvenmemesi konusunda onu uyarabilir. Kızlarının şüpheci olmalarını, kıskanmalarını isterler ve bilmezler ki, bu tahrik bir süre sonra evliliğin bitmesine sebep olabilir. Kayınvalide, damadının bütün hareketlerini bir dedektif gibi izlettirir, bunu da kızını korumak için yaptığını söyler. Sonuçta, güven ve sevginin temelleri ciddi şekilde yıpranır ve yıkılır.

Sevgili kardeşim,

Hepimiz insan olduğumuz için sosyal hırsların esiri olabiliriz. Her anne kendi kızında kendini görmek, kendi gençliğini bulmak ister ve çocuğunu bu doğrultuda yetiştirme yolunu dener. Kendi gençliğini hatırlar ve evden çıkıp gidenin kendisi olduğunu düşünür. Kendini kollayıp koruyabilen insanlar bu durumdan çok az etkilenirler. Onları serbest bırakarak kızlarının daha fazla mutlu olmalarını sağladıklarını zannederler...

"Yaşama İradesi" isimli eserimde, "geleceğin kahramanları"nı tarif etmiştim. Kahraman, kendi nefsine karşı zafer kazanan kişidir. Schiller, "Ejderlerle Mücadele" isimli kitabında, aynı motiflerden bahseder, bu da, "sevgide bencilliktir."

Her çocuk kendi hayatında bir hak sahibidir. Bunu gözönünde bulundurmalısınız. Her çocuk ailesinin otoritesinden kurtulmak, kendi ailesinin kurucusu olmak zorundadır. Aile ortamından çıkıp kendi dünyasını kurmak zorunda kalan insanların durumu oldukça önemlidir. Fakat bu kurtuluş aileyi yenmek değil, aile bağlarını yenmek ve yeni bir düzleme geçmek demektir. Bazen tatsız sonuçlar doğursa da bu gerçektir. Bu geçişin güzel olması için mücadele edilmesi aileye yeni bir canlılık gelmesini sağlar. Yeni aile böylece eskiye bağlanır ve mutluluk bir kat daha artar.

Yakında büyükanne olacağınızı, torunlarınızın da sizin çocuklarınız gibi ruhsal dönemeçlerden geçeceğini söylememe gerek yok sanırım. Çocuklarınıza karşı çıkmadan, onları hayatlarında özgür bırakın. Eğer böyle yaparsanız, yeni yetişenlerin ruhlarında da ahenkli bir dünya meydana gelmesine yardımcı olursunuz.

Torunlarınız, bağlılıkla değerlendirdiğiniz bilgilerin iyiliklerinden yararlanacak. Yeni gençlik bu bilgilere göre yetişecek ve biz bugün çocuk eğitmenin ne kadar zor ve ne kadar önemli bir görev olduğunu anlamış olacağız.

Artık mektuplarım sona eriyor. Size ve benim girift ve anlaşılması zor olan fikirlerime karşı göstermiş olduğunuz sabıra teşekkür etmek istiyorum. Amacımın ne olduğunu artık biliyorsunuz. Yetişmekte olan gençliğe özgürlük içinde bütün yeteneklerin gelişebilmesi için her imkanı verebilmeyi istiyorum. Ben, sadece bir tohum ekmek istiyorum. Bunlar kök verebilir, çiçeklenip dünyanın birçok bölgesine yayılabilir. İsmimin çok bilinmesinin ne anlamı olabilir? Eğer bu isim, insanlık yararına önemli şeyler yapmışsa değerlidir. Bizim meselemizin büyüklüğü, gururumuzu bir kenara bırakmamıza sebep oluyor. O görev ki, bütün insanlık için sağlıklı nesiller yetiştirmeye odaklanmıştır.

Biricik isteğim, annelerin çocuklarını yetiştirirken sözünü ettiğim eğitim kurallarına uymaları ve bu doğrultuda doğruları yakalamaları. İzin verirseniz, sözlerimi şair Lely Kempin'in sözleriyle bitirmek istiyorum:

> Sevgi, vermek demektir.
>
> İnanmak, başkalarında mutluluğu yakalamak demektir.
>
> Sevinç, kendi kendini unutmak ve başkasına iyilik etmektir.

Dr. Wilhelm Stekel